編輯室手記

抗戰期間，美國文豪海明威，與同為作家的新婚妻子瑪莎．蓋爾紅，聯袂造訪中國，這對新婚夫妻一方面共度蜜月，一方面蒐集中國抗戰的小說材料，體驗中國人的奇妙生活，並見證了中國堅毅對日抗戰的奇蹟。二○一六年，HBO頻道首播該公司自製電影《戀上海明威》，便是改編自瑪莎．蓋爾紅的自傳《我和一個人的旅行》，而其中最令華人觀眾感到趣味盎然的，要屬海明威夫婦到訪戰時重慶的情節。

吳姿瑩、邵銘煌的文章，以深厚的史學考證功力，一一澄清電影劇情違反史實的片段，同時也拼貼出海明威夫婦在華期間的活動過程。如海明威夫婦在華期間受到孔祥熙的親切招待，這是因為海明威家族與孔家早有深厚的淵源。又如，瑪莎．蓋爾紅感到困惑，蔣介石為何要在餐會上不戴假牙，原來不戴假牙接見賓客才是最高的待客禮遇。另外，這篇文章也還原了海明威夫婦是如何躲過監視而私自密會周恩來的細節。

海明威夫婦在華期間，正值蘇聯與日本簽訂協定，中國失去蘇聯的援助，陷入孤立無援的窘境；皖南事件爆發後，又有左翼作家史沫特萊（Agnes Smedley）在美國撰文批評國民政府，藉由海明威夫婦對中國抗戰的正面報導與評價，為中國抗戰的勇氣卓絕向國際發聲，蔣介石領導的國民政府做了一次成功的國際宣傳。

國學大師劉文典與新文化運動旗手胡適兩人同鄉，都受到陳獨秀的提拔進入北大教書成為同僚，兩人的境遇卻有天淵之別。胡適當時已是譽滿天下的學術宗師，而劉文典則無顯赫的學歷和厚實的學術資源，前途一片渺茫。但胡適可以說是劉文典學術生命的貴人。胡適指引茫然無緒的劉文典走向古籍校勘的方向，而有了胡適這位大師的推薦加持，也讓劉文典聲名鵲起，受到學術界的重視。

胡適對劉文典幾乎有求必應，如為劉的著作向出版社說項、為劉的書稿交涉稿酬，總是不厭其煩為他出力。劉文典甚至還強人所難，要求推廣白話文運動不遺餘力的胡適，為他的著作以文言文作序，胡適也不計毀譽應允。套用莊森文章的說法，胡適稱得上是劉文典的「學術保姆」。

胡適為劉文典所寫的文言序文，是他成名後唯一的一篇文言文，根據莊森的詮釋，胡的序文是以「整理國故」入題，讚揚劉文典對古籍的校勘。由此可見，胡適雖然提倡新文化運動，但他並非全盤否定傳統國學，而是主張藉由西方的科學方法，梳理並重新賦予中國傳統學術的生命力。梁實秋可以算是胡適「整理國故」主張的另類響應者。翻譯莎士比亞著作的泰斗梁實秋，筆調顯現濃郁的英國散文氣息，根據計緯的闡述，梁實秋卻對「線裝書」一貫情有獨鍾，他的文章行雲流水，畫龍點睛的妙喻，主要也是得自深厚的國學根柢。

胡適不僅不吝提攜同僚，也勇於仗義救人。中國大陸新修《清史》總纂戴逸先生在接受訪談時，回憶當年就讀北大期間，為了開展學生運動，籌辦紅色圖書館，曾頂撞過校長胡適；但胡適不計前嫌，在戴逸遭軍統通緝，送交特殊刑事法庭受審時，反而出面擔保營救他，成了他的救命恩人。除了胡適之外，戴逸也暢談北大師長和大陸的史學家，並回應余英時在回憶錄中對新四軍事件的說法。從戴逸的訪談中可以了解，編修清史目前是中國大陸重大的文化工程，歷經十五年，排除種種困難，整理出檔案二百二十萬件，出版文獻資料十幾億字，已經取得豐碩的成果。

我自世新董事長職位退休後，生活閒暇之餘，又重拾兒時父親要我們閱讀背誦的古文和詩詞。隨著閱歷的豐富，比起兒時的少不更事，也更能深切體會古人春花秋月的清暢、人生幾何的豁達。「國故」是中國人思想價值的凝煉，需要隨時代演進千錘百鍊，剔除糟粕，賦予生機，而不是輕易地全盤否定拋棄。

成嘉玲

傳記文學 第一一二卷 第二期 目錄

中華民國一〇七年（二〇一八）二月號（總號第六六九）

民國五十一年（一九六二）七月一日創刊
行政院新聞局局版臺誌字第一〇六二號
中華郵政雜誌登記執照二二六〇號

傳記文學 第一一二卷 第二期

民國一〇七年（二〇一八）二月一日出版
總號第六六九號・每月一日出版
創辦人：劉紹唐 劉王愛生
榮譽發行人：成露茜
社長：成嘉玲
副社長：溫洽溢
編輯顧問：周成蔭 徐定心 殷允芃
喻蓉蓉 虞彪 藍博洲（依筆劃）
編輯者：傳記文學編輯委員會
主編：黃奕鳴
客戶服務部：杜維雯
發行者：傳記文學出版社股份有限公司
社址：11670 臺北市文山區羅斯福路六段八十五號七樓
電話：(02) 8935–1983
編輯部：(02) 2935–2579
電話傳眞：(02) 2935–1993
E–mail：nice.book@msa.hinet.net；
biogra–phies@umail.hinet.net

本社英文通訊處：
7F., No. 85, Sec. 6, Roosevelt Rd., Wenshan Dist., Taipei City 11670, Taiwan (R.O.C.)

國內訂閱及購書：
請參照左列訂閱價目，將訂費交存當地最近郵局劃撥儲金「00036910 號 傳記文學出版社股份有限公司」帳戶，註明起迄期數，免收匯費郵費。訂閱本刊可享受購書八折優待（特價書除外）。

國外訂閱及購書：
請開具美金支票，直接掛號寄交本社，收款後，當即寄書。支票抬頭：Biographical Literature

本期封面：

二十世紀享譽文壇的著名作家海明威（Ernest Miller Hemingway, 1899–1961）與其新婚妻子蓋爾紅（Martha Ellis Gellhorn, 1908–1998），以中國抗戰小說取材名義，聯袂訪華。他們於一九四一年一月底自美啓程，二月二十二日抵達香港，停留月餘，三月二十五日進入廣東韶關，赴抗日前線觀察。四月初經桂林，於六日抵達重慶正式訪問，直至十五日離開重慶，轉往緬甸旅遊。海明威夫婦在華期間，備受國府重視，官方不僅派員陪同參觀戰地，解說戰局情勢，亦獲蔣介石茶敘款待，復有私下專訪宋美齡之機，更曾密晤周恩來。爾後，二人將沿途親歷見聞，分別於《午報》與《礦工》發表多篇專文，向西方介紹、宣傳戰火中國，為之表現留下見證。

本刊售價及訂閱價目：

▲國內零售每冊新臺幣一百五十元
訂閱全年十二期訂費新臺幣一千五百元
平裝合訂本每卷（六期）新臺幣八百元
精裝合訂本每卷（六期）新臺幣一千元

▲港澳地區
訂閱全年十二期訂費美金八十元
平裝合訂本每卷（六期）美金四十元
精裝合訂本每卷（六期）美金五十元

▲美國及其他國外地區
訂閱全年十二期訂費美金一百元
平裝合訂本每卷（六期）美金五十元
精裝合訂本每卷（六期）美金六十元

▲以上所列國內外價目均包括平寄普通郵資在內，惟需掛號寄遞者請另加付郵資

國內總經銷：創新書報股份有限公司
231-45 新北市新店區寶橋路二三五巷六弄六號二樓
電話：(02) 2917-8022

香港總經銷：廣彙企業有限公司
香港九龍紅磡馬頭圍道三十九號紅磡商業中心A座七樓七〇六A室
電話：(852) 2542-0245

美加總經銷：世界日報世界書局
Biographical Literature ISSN (1234-5679) is published monthly by Biographical Literature Ltd., Postmaster: Send address changes to U. S. Distributor: W. J. Bookstore Inc. 141-07 20th Ave., Whitestone, NY 11357.

本社法律顧問：永然聯合法律事務所
李永然律師・黃怡騰律師
臺北市羅斯福路二段九號七樓之二
電話：(02) 2395-6989

印刷所：祥新印刷股份有限公司
新北市中和區立德街三〇九巷八號
電話：(02) 8228-6368

本期特稿

海明威夫婦與戰火中國的交會

吳姿瑩・邵銘煌

海明威（Ernest Miller Hemingway）是二十世紀享譽國際的美國大文豪，創作《戰地春夢》、《雪山盟》、《戰地鐘聲》與《老人與海》等文學作品，無不膾炙人口，且拍攝成電影，風靡全球。其風流韻事，與文采齊名。同樣也是作家、戰地記者的瑪莎・蓋爾紅（Martha Ellis Gellhorn），相形之下，則遜色不少。一九四〇年十一月，她成爲海明威第三任妻子，從此聲名飛揚。新婚不久，夫婦聯袂到訪中國，共度蜜月之旅，體驗中國人民的抗戰生活，見證中國人民反抗侵略的精神與表現。

二〇一二年六月四日，HBO自製電影《戀上海明威》（*Hemingway & Gellhorn*），在HBO獨家首播。這部電影描述上一世紀美麗的戰地記者瑪莎・蓋爾紅和大文豪也是戰地記者海明威之間的愛情糾葛。處在動盪的時代中，他們因戰爭而相愛，卻也因戰爭而分手。由奧斯卡與三次金球獎得主妮可・基嫚（Nicole Kidman），與金球獎得主克里夫・歐文（Clive Owen）領銜主演。對華人觀眾來說，電影最扣人心弦的，不外乎海明威新婚夫婦聯袂造訪戰時中國重慶的一段情節。華人演員陳沖飾蔣夫人宋美齡角色，伶俐、機智的演出，十分搶眼；而扮演蔣介石的，靜坐一旁，當面取出假牙、猛吃巧克力的樣態，則顯得滑稽。私訪密會周恩來的一幕，當時報刊都被矇在鼓裡，影片反而賦予周氏理性、友善形象，甚且讚揚，似有意突顯戰時中共的角色。

此外，令人訝異的是，海氏夫婦訪問重慶時，並未遇到日機轟炸。影片中出現瑪莎・蓋爾紅親臨轟炸現場，目睹受害慘狀；而映入眼簾的一幕，竟然是一九三七年八月下旬日機轟炸上海南站時，一個幼童滿身是血坐在月臺上嚎啕大哭的經典歷史鏡頭。戲劇效果十足，但時空倒置，識者不免一笑。

瑪莎・蓋爾紅也是一位出色作家，晚年自述回憶錄《我和一個人的旅行》（*Travels with Myself and Another: A Memoir*）。這部電影劇本就是改編自她的自傳。她最爲外人道的是海明威的第三任妻子，回憶當年夫婦蜜月之旅，並不感到甜蜜愉悅，甚至認爲蔣介石夫婦是自私可惡的獨裁者，成爲一個中國人是純粹的厄運。瑪莎在返回富饒西方的飛機旁，向中國說：「永別了，可怕的中國」。①惟令人不解的，在兩人分別爲《午報》（*PM*）與《礦工》週刊（*Collier's*）撰寫的報導中卻沒有反映這樣觀點。事隔近半個世紀，方吐露眞言？不無可議之處。回歸歷史現場，眞相自然浮現。

海明威夫婦以搜集中國抗戰的小說材料爲名，於一九四一年一月底自美啓程，二月二十二日抵達香港，停留一個月。三月二十五日方進入中國廣東韶關，赴抗日前線觀察。四月初經桂林，於六日抵達重慶正式訪問。四月十五日離開重慶，轉往緬甸旅遊。在重慶逗留一旬。他們訪華期間經歷的人與事，屢見新奇，而與蔣夫人宋美齡並坐樹下一席會心談話情景，洵耐人尋味者至再。

見證中國人的奇蹟

就名氣言，瑪莎・蓋爾紅遠不如海明威，卻是一位相當有行動力與熱情的記者，亟欲訪問戰時的中國，遂慫恿海明威偕往一遊，當作是蜜月旅行。經短時間密集準備，兩人從舊金山出發，途經夏威夷、中途島（Midway Island）、威克島（Wake Island）、關島、馬尼拉。抵達香港後，逗留月餘，遇見多位政商名流及西方記者，從與他們互動中獲得關於中國戰局資訊。其中身分較爲特殊，有美國總統私人特使居里（Lauchlin Currie）、名作家林語堂、國民黨中央宣傳部部長董顯光等人。另一位是有雙槍俠之稱的馬昆（Moris Abraham Cohen），當過孫中山侍衛，熟悉中國政情。他不僅介紹有關中國政治人物和蔣介石的一些事蹟，還居間促成與孫夫人宋慶齡與孔祥熙夫人宋靄齡會面，更建議前往中國第七戰區採訪戰情。②

▶宋美齡與海明威夫婦在重慶曾家岩官邸附近防空洞外閒談。

蓋爾紅甫抵港三天，即隻身前往中國後方一帶探察。她於二月二十五日搭機出發飛重慶，轉往昆明。再從昆明起飛，沿滇緬公路飛行，抵達中緬物資交會的樞紐——臘戌。次日下午，飛回昆明，看到剛被日軍轟炸過的市區。二十七日凌晨，飛往重慶，適巧與居里同機，回抵香港。蓋爾紅將這趟初體驗旅程，為《礦工》週刊寫了第一篇報導，題為〈飛入險境〉（Flight Into Peril），刊載於是年五月三十一日。

三月正是初春季節，華南地區天氣陰晦，冷雨不斷。在港月餘，海明威夫婦展開中國的旅程。三月二十五日上午，他們搭機飛越日本封鎖線，降落廣東省南陽機場。官方派馬先生（Mr. Ma）和何先生（Mr. Ho）接機，分別負責翻譯與交通事宜。他們驅車前往韶關下榻飯店。二十六日上午十一時，第七戰區司令長官余漢謀會見海明威夫婦，作五句鐘談話。海明威陳述來華願望，對華南戰局反覆詳詢。余長官除表示熱烈歡迎，並出示軍用圖，將中國抗戰情勢及最後勝利把握，一一詳加分析，提供資料甚豐。中午，又設宴招待，戰區高級軍官均作陪。海氏稱，此次來華有相當時間勾留，日內將轉桂林，即由桂赴重慶，再分赴各戰地參觀。③下午參觀一座大佛寺。晚間，廣東省政府主席李漢魂為夫婦接風。

二十八日上午八時，海明威夫婦由戰區部及政治部人員陪同出發前線參觀。一行先乘卡車往南到北江岸，再轉搭馬達小船。當晚夜宿船上，由於淋了整天冷雨，兩人睡不安穩。二十九日早，在大雨中靠岸，騎迷你馬上路，到一所軍官訓練學校，稍事休息後，繼續前行，抵達第七戰區總部。拱型的凱旋門上張貼多張濕透的海報，上書「歡迎正義和平的代表們」、「歡迎我們的國際朋友」、「聯合所有的民主國家」、「我們會抵抗到最後勝利」、「民主只倖存於文明中」等標語。當晚在總部過夜。次日下午，騎馬到達國軍與日軍交會的前線駐防地。

蓋爾紅在未到中國以前是懷有憧憬的，此時面對糟糕天氣、大量蚊蟲及滿

▶海明威夫婦在參觀廣東抗日前線時，與接待人員合影。

▶海明威夫婦參觀廣東北部抗日前線時，與陪同人員休憩合照。左起第二人為Mr. Ma。

是泥濘的辛苦旅途，則抱怨連連。海明威反而沉得住氣。途中出現一幕幽默情景：他壯碩身軀騎在迷你馬上，腳都可以搆到地。當他感覺迷你馬快要負荷不住時，便扛起迷你馬行走，博人莞爾一笑。

三十日早上，大家冒雨到達前線，與王將軍（General Wong）共進早餐。中午參加集會時，遇到日機臨空飛過，虛驚一場。之後，騎馬去戰區的一個軍營，站在一高處，用望遠鏡觀看駐紮山丘上的日軍，以及國軍用機槍攻擊日軍的軍事演練。當晚，海明威夫婦觀賞了兩齣戲劇：《惡魔們》（*Group of Devils*）及《跨越廣東區》（*Cross Section of Canton*）。

三十一日，回到烏石鎮（Wong Shek）軍營。海明威對軍校生演講，並參觀軍營、訓練營及教室。夫婦受邀共進歡送午宴後，上船回程。四月一日，回到韶關附近岸邊，因城內大雨淹水無法進入，至次日上午才入城，到車站搭火車離開廣東，前往桂林。四月四日到達，只停留一天，短暫領略奇麗山水，即於六日下午五時搭乘中國航空（CNAC）班機飛赴重慶。或謂，海氏夫婦桂林之行，原在計畫之外，乃因北上途中有人介紹桂林之美，才臨時變更行程。④其實不盡然如此，當時由香港赴重慶，桂林是陸空一個轉運樞紐。

蓋爾紅在中國的初體驗，生活上不甚習慣和愉悅，卻切身感受到「中國人的奇蹟」。她回到美國後，為《礦工》雜誌撰寫一篇報導“These, Our Mountains”，詳述她們訪察歷程及心得。她認為：「日本人永遠不能用武力征服中國，而必須另尋狡猾的政治途徑去贏得戰爭。」⑤她所持見解有幾點：中國人民能夠三次遷移首都，運送工廠機器和大學設備翻山越嶺至安全地方，用舢板和苦力補給前線，躲入岩洞避免無止境的轟炸，不靠機器用一百天建造一個一千英畝的機場。中國人能堅持到底，唯有背信忘義方能擊敗他們。中國人生性堅忍，生來學會耐力，時間對他們來說，不是問題。⑥

▶海明威夫人瑪莎．蓋爾紅參觀廣東北方抗日前線，與人民談話。

隨行譯員Mr. Ma和夏晉熊

《戀上海明威》電影中，出現一個顯眼的配角「Mr. Ma」，陪著海明威夫婦在重慶四處參訪。這個人在廣東一個月餘，已經一直陪伴在側，也就是譯員馬先生（Mr. Ma）。蓋爾紅在報導文章中一再提到他。據她描述：馬先生有一張圓圓臉，帶著圓圓眼鏡，翻譯能力不是很好，時常對於不知道該怎麼翻譯成英文的字詞都會用「Whatchumacallit」（那個什麼東西）帶過。這個英文單字是「what you might call it」的連音，日常生活中經常會因一時忘記，而突然叫不出某樣東西名字，也可能是不知道該東西名稱，只好用「那個什麼東西」或「那個叫什麼的東西」一語帶過。這對於海明威夫婦來說，有翻譯等於沒翻譯，所以他們才會戲稱馬先生為「Whatchumacallit」。

蓋爾紅在報導文中提到一個例子：在廣東前線參訪，某日，她問馬先生，村民為何要燒草？他回答，是為了要趕走老虎，還解釋說因為老虎會吃植物的根及甜葉，村民只好把草燒掉，老虎飢餓後就會去。這樣的答話，讓夫婦兩人啼笑皆非。蓋爾紅晚年回憶錄中，仍不忘當年故人趣事，寫入〈馬先生的老虎〉（Mr. Ma's Tiger）一章中。

關於馬先生的真實身分，蓋爾紅的描述前後出現矛盾。隨行在廣東參訪的馬先生，家住韶關，在第七戰區任軍職。卻又說：他出身富裕家庭，曾經留學美國。他們夫婦到重慶，入住他的豪華寓所。認為他是宋子文本人，也就是時任國民政府行政院副院長兼財政部部長的孔祥熙夫人宋藹齡的大弟。楊仁敬編著《海明威傳》，持同一看法，謂：「他倆下榻宋子文公館裡，感覺蠻好。」⑦此一說法，完全不合事實，且荒謬至極。亦有研究者不察，將馬先生與夏晉熊混為一人。Peter Moreira所著《海明威在中國前線》（*Hemingway on the China Front*）即持此一看法。⑧

當時，宋子文在美國，遑言陪同任譯員。根據《中央日報》報導，他們在重慶下榻的是他二弟宋子良的寓所，而負責陪同並擔任翻譯的是夏晉熊（Hsia Zhi Shong），時任孔祥熙祕書。顯示孔祥熙對他們的親切招待。其實，海明威家族與中國及孔家早有淵源。孔祥熙小時候在家鄉山西就讀太古教會學校，就是接受來自美國歐柏林大學（Oberlin College）培育組織的歐柏林傳教隊（Oberlin Band）開設的。一九〇〇年義和團事件期間，當地許多傳教士被殺害。孔祥熙曾英勇地拯救幾位遭監禁的傳教士。後來孔祥熙赴美求學，也就讀歐柏林大學，與海明威的叔叔韓明衛（Dr. Willoughby A. Hemingway）同學，且一度到他叔叔家住過。韓明衛畢業結婚之後，夫婦加入歐柏林傳教隊，到山西太古傳教和行醫，結識了孔氏家族，最後在中國過世。因此，海明威小時候便聽聞、接觸到許多中國文化與故事。

▶海明威夫人瑪莎・蓋爾紅參觀廣東北部抗日前線，遠望敵方動態。

夏晉熊年過七旬，曾接受訪問，談及四十多年前往事。他早年畢業於北京燕京大學經濟系，後赴法國留學，獲得巴黎大學經濟學博士學位，再赴英國倫敦政治經濟學院學習。一九四○年初返國，擔任行政院祕書。他受訪時說：是奉孔祥熙特派，陪孔夫人宋藹齡，專程飛至香港迎接，並一路陪同到中國各地訪問，兼任翻譯及關照生活。他特別提到在韶關前線參觀時，海明威怕他凍壞，曾脫下身上的羊毛背心送他禦寒。他一直細心保存著，作爲友誼的見證，可是經文化大革命十年浩劫，寶貴資料全被搶光或燒光，很難過已經找不回了。他還透露，在重慶時，有天早上，到海明威住的賓館。海氏聽到通報，便大聲喊進。他進門一看，夫婦尚未起床，兩人擁抱在一起，表示親密無間的感情，根本不迴避，而把他當成自己人。

▶海明威夫婦在重慶與隨行譯員夏晉熊合照。

不過，海明威對政府批評很激烈，使他遭到行政院指責接待工作不力，甚至懷疑他爲海氏介紹了不好情況。時任國民黨中宣部部長的董顯光卻不這麼認爲。他說：「一九四一年海明威訪問中國，我曾和他談過話。我相信他的觀察就公允得一點偏頗也沒有。」⑨然而，夏晉熊對海明威印象很好，認爲：他勇敢、機智和剛強。抗戰期間，不僅生活條件差，且沿途交通不便，還有危險。他總是談笑風生。他注重民主，善於觀察，敢於當面說出心裡話。特別重視軍隊中官兵要平等，政府官員要跟平民百姓同甘共苦。⑩

夏晉熊回憶的可信性，目前尚無法完全證實。關於陪同海明威夫婦在廣東及桂林一段，從海氏夫婦記述、照片和有關資料，均未提及夏晉熊。且其回憶也出現明顯失誤。他受訪表示：海明威在香港未會見孫夫人宋慶齡，因她當時在重慶，且住在孔祥熙家中。他離開重慶前見過她。宋慶齡自抗戰後即赴香港居留，至一九四一年十二月珍珠港事件始離開，回到重慶。四年之間，僅一度於一九四○年三至五月間與兩姐妹同返重慶。夏晉熊謂看過宋慶齡，實即爲一九四○年的事。

又如，關於海明威在重慶私會見周恩來一事，夏晉熊記得：「那天早晨，海明威說要到街上隨便逛逛，就和瑪莎一起出去了。後來他告訴我，他倆會見了周恩來。他覺得周恩來英俊博學，有才幹，善交際，但認爲他過分強調共產黨在抗日戰爭中的作用。這說明海明威對共產黨的抗日統一戰線的政策很不瞭解。我記得他跟我談過此事有好幾回。」夏氏說法，恐爲事隔多年之後的理解。當時，海明威明知夏晉熊是行政院祕書，會將祕密會見周恩來的極端政治敏感話題透露？何況還處於新四軍事件餘波未息的關頭。即使蓋爾紅，也直到晚年寫回憶錄才加以批露。

中國太奇妙了！

海明威夫婦於四月六日抵達重慶，

七、八兩日，忙於會面重慶各方人士，包括軍政官員、國內外記者、外交官員等，接受媒體訪問，蒐集重慶大後方情報，也逛街買紀念品。蓋爾紅因歷經前線參訪的跋涉勞頓，到重慶時甚感疲憊。雙手又染上「China Rot」的皮膚病，更覺不快。

他們下榻宋子良公館，很受孔祥熙招待。四月八日下午，《中央日報》記者登門拜訪。經侍從引進，穿過客廳，到一座二丈見方晒臺上。他看見：「一位金絲頭髮、面容美麗的婦人，很安閒地坐在晒臺中間的籐椅上，身穿著米黃色衣服，肉色絲襪，白色涼鞋，帶著黑色眼鏡，正在覽閱外國雜誌。」⑪她望見記者，放下雜誌，熱烈與記者握手寒暄，並且和藹地道個謝謝，然後笑問記者：是來看海明威的嗎？他正在寫作，今天恐怕不能和你接談。我是他的太太。記者也就表示不便打擾他，但是否可與妳談談？

▶海明威夫婦訪問重慶留影。

她爽快地答應，隨即向記者說：「我說什麼好呢？對於中國，要說話太多了。無論在韶關、桂林，或是偉大的重慶，在殘暴的日本人不顧人道轟炸之下，中國人民仍能各就著各人的崗位努力工作。尤其是在重慶，你看許多炸過、燒過的地方都已修成小巧玲瓏的房子。這種精神使著我們非常的欽佩。」記者知道海明威來華目的，是要搜集有關中國抗戰的小說材料，也以此話題問她。她回答：「我們回國以後，一定寫一本有關中國的小說，尤其特別加重描寫中國抵抗日本侵略的英勇行爲，把中國這種精神介紹給我們美國人。」接著又說：「重慶天氣太好了，可惜不能多住，明天（九日）去成都住一星期後，再經重慶飛香港，轉新加坡、孟買、馬尼剌，從馬尼剌就要乘飛剪號回國了。」對談間，已到五點鐘，記者即與她握別，並表示，希望九日上午能夠在飛機場和海明威見面。

四月九日，兩人到長江對岸，會見美國大使納爾遜．詹森（Nelson Johnson）。談話中，詹森大使告訴海明威：「中國能夠做任何她想做的事。」海明威當下不以爲然。他們原定當天下午飛往成都，逗留一星期，參訪軍事基地。由於天候不佳，未能成行，改於十日下午四時才出發。⑫蓋爾紅又病又累，並沒有隨行。陪同海明威到成都的，是夏晉熊祕書。⑬

海明威參觀了陸軍軍官學校，考察機場建設和武器生產情況。當他看到民工大軍修建機場艱苦而壯觀的場面時，不由得肅然起敬，並在馬尼拉爲《午報》寫了一篇〈中國加緊修建機場〉（Chinese Build Air Field）報導，深刻認識中國人民吃苦耐勞的特質，對前一天詹森大使的話「中國能夠做任何她想做的事」，深表同感。⑭同時在另外一篇報導〈日本在華的地位〉（Japan's Position in China）明白指出，日本永遠征服不了中國。他觀察得知，中國軍隊大都具有豐富的作戰經驗，訓練嚴格，紀律嚴明，裝備也日趨精良。⑮此一見解與上述蓋爾紅在廣東前線參觀得到的印象，前後呼應。

海明威行色匆匆，只待一天，十一日上午十時就從成都飛回重慶。⑯但海明威回到美國後，接受《午報》主編拉爾夫・英格索（Ralph Ingersoll）訪談時，明顯就失憶了。據英格索記錄說：海明威在重慶逗留八天，時常與人民談話，和政府中人餐會。第八天飛往成都，參訪軍事學校。⑰

十三日下午，蔣介石夫婦在曾家岩官邸接見海明威夫婦。蔣日記中並未著墨會面情形。海明威與蓋爾紅在後來發表的文章中，均述及會面情節。據載，他們共進簡單午餐，進行約三小時談話，由蔣夫人翻譯。會談中，蔣介石談論的多是軍事問題，提及《蘇日協定》與蘇聯共產黨的事情，也聽取海明威對廣東北部地區抗日前線的看法。⑱尤其，皖南事變（新四軍事件）發生不久，艾格尼絲・史沫特萊（Agnes Smedley）等在美國著文報導，反響強烈。蔣介石夫婦想透過海明威夫婦的報導，扭轉美國民眾對他的批評。海明威在仰光為《午報》撰寫的〈美國援華〉（U. S. Aid to China）一文中，指出蔣介石要擊敗日本的決心。他認為：只要蔣介石能活著一天，只要戰爭在能力範圍內可以持續下去，就寧為玉碎。儘管糧食可能不足，通貨可能膨脹，社會一時不會平靜，蔣會克服種種困難，繼續與日本奮戰下去。⑲

蓋爾紅對於蔣介石在餐會上不帶假牙一事感到困惑，會後才知道不戴假牙接見賓客才是最高禮遇。關於這次會面，有海明威研究者記為四月十四日，且與蔣夫婦共進午餐，乃引述資料不實所致。⑳實際情形，蔣介石夫婦是以茶會待客。因是日中午，由國民黨中央組織部召開的全國婦運幹部工作會議已進行多日，蔣介石以總裁身分偕夫人，特在嘉陵賓館召宴遠道而來的各省市婦運重要幹部，以示慰勉。㉑

海明威夫婦訪問重慶期間，最盛大公開的活動是應邀出席四月十四日下午四時至五時，在風景最優美的嘉陵賓館為他們夫婦舉辦的歡迎會，其實也是餞別餐會。參加團體有中國新聞學會、各報聯合委員會、國民外交協會、中美文化協會、全國文藝抗敵協會、中央文化運動委員會等九個單位。到會者包含政治、外交、新聞、文化等各方面人士和外國友人共三百多位。他們集中在中西色彩兼備的客廳，寒暄，閒談，談政治，談《蘇日協定》成立。記者目擊茶會實況，對兩位貴賓的體態和容顏描述如下：㉒

> 海明威先生—絳紅的臉，棕色鬍鬚，肥壯的體幹，個子高過孔副院長一頭。他很謙和地同記者握手，手指比頭號派克筆管還粗，（使記者握起來很吃力）。站在魁梧的海明威先生身旁的是他的新婚夫人，淺黃色的金絲頭髮，尖長的面孔，只差一雙碧眼，否則才是一個眞正的Blonde（意指白膚金髮碧眼的典型美女），穿的是淺色長衫，戴著一隻玲瓏的手錶，一個碧玉的指環。相當的美，但並不是雍容華貴。

孔祥熙引導賓客進到禮堂入席，他坐在中間，右邊是海夫人，左邊是海明威，再右是張道藩先生，最左是蕭同茲。按事先約定，海明威不講話。孔祥熙敬貴賓酒，全體起立敬酒，祝他們健康。接著是古樂演奏，欣賞黃錦培的古瑟和楊大均的琵琶，彈的是《陽關三疊》、《蜀道行》和《十面埋伏》。中央廣播電臺的彭樂川用英語解釋三首樂器來歷、曲牌意思。顯然，第一首樂曲是獻給海明威夫婦的，「勸君更進一杯酒，西出陽關無故人」正是表達中國人民對兩位貴賓脈脈的別離深情。第二、三首樂曲是為反抗日寇侵略的中國人民演奏的，寓意抵抗侵略，一如蜀道之難，但中國軍民同仇敵愾，英勇奮鬥，侵略者將陷入人民抗戰的十面埋伏，終遭滅頂。

▶海明威與伊文思在西班牙拍攝內戰紀錄片。

茶點以後，幾個人圍住海明威，幾個人圍住海夫人。海明威對圍著的人都說：「中國太奇妙了！」、「我一定再來，再來盡情地欣賞這偉大的中國！」記者有感而發，希望在戰爭告別了的時候，海明威夫婦也許能再來，大家相會的地方，不會是重慶，而該是北平，或南京。很遺憾，他們夫婦終其一生，未曾再踏上中國土地。

此外，他們在重慶停留期間，有兩件沒有對外公開的隱密行程。一是會晤周恩來，二為與蔣夫人再次會面。

蓋爾紅直到寫回憶錄時，才提到私會周恩來一事。某日，她在重慶市場逛街時，一位高高的金髮的荷蘭婦女子（dutch woman）走到她身邊，問她和海明威是否想見見周恩來。她當時對周恩來還感到陌生，說要回去問海明威。海明威聽說後，即表示想見周恩來，說他是尤里斯・伊文思（Joris Ivens）的朋友。伊文思是海明威在西班牙結識的一位攝影師，一九三八年曾到中國武漢拍攝抗戰紀錄片。她回到市場，把海明威的決定告訴了金髮婦女。第二天，他們夫婦按照事先安排，為避免密探跟蹤，先在街上閒逛，然後來到市場與金髮女子接頭。金髮女子領著穿過若干小巷，匆匆鑽進一輛被布簾密遮的黃包車。最後，他們被帶到一間四壁很白的地下室，房間裡有一張桌子和三把椅子。

周恩來站在桌子後面。他身穿一件開領短袖白襯衫、一條黑褲子和一雙便鞋，有著很明亮的、含著笑意的眼睛。周恩來與海明威夫婦用法語進行交談，由金髮婦女擔任翻譯。她也就是南方局負責國際宣傳和外事工作的王炳南的夫人王安娜（Anna Wang）。㉓讓海明威驚奇的是，周恩來不用翻譯就能聽懂。他們相談甚歡。海明威談了廣東北部地區抗日前線的情況和對重慶的印象等；周恩來則談了國內外形勢和中國的前途等。周恩來給海明威夫婦留下深刻的印象。蓋爾紅回憶說：「我們認爲周恩來是個勝利者，是我們在中國見到的唯一眞正好人。如果他是典型的共產黨人的話，那麼中國的未來將是他們的。」

▶伊文思一行三人在漢口拍攝中國人民抗戰紀錄片留影。

王安娜在回憶錄裡只簡略提及周恩來會見海明威的情況。她回想到：「在那一個小時中，周恩來只說了兩三句話，其它時間全是這位著名作家獨自講演。內容與解決遠東問題有關。他的講演富於空想，與根據具體事實得來的認識距離太遠了。」㉔據王安娜說法，周恩來沉默如金的反應，蓋爾紅如何得出對他的好感與肯定；且王安娜也沒有交待她在市場主動接近蓋爾紅的情節。

▶王安娜在戰時重慶留影。

關於密會時間，至今尚未有文件加以證實，不過依據海明威夫婦行程，較爲可能的時間，是四月九日見到王安娜，約好十日上午見周恩來。因爲海明威夫婦的行程都是經過安排過的，若兩人突然無預警消失無蹤，一定會引起懷疑，除非預料之外的變化，才好用於掩護密會。據此推測，原定要前往成都卻因天候不佳而延後出發的九日下午及次日上午之間。因爲十日下午四時，海明威便前往成都。另一個可能時間，則爲四月十一日上午自成都回到重慶後，至次日之間。何者眞實，有待繼續求證。

其次，關於與蔣夫人第二次會面時間。蓋爾紅所撰"Her Day"專文中，提到：「昨天在茶會上，她當委員長的翻譯。」據此推斷會面時間爲四月十四日。蓋前一日，四月十三日（星期日），《蔣介石日記》載：「正午宴婦女會黨員。下午見海明衛」。㉕頗讓人詫異的是，對於會見斐聲國際大文豪內情，竟惜墨如金，不添置一詞。其中，似透露不爲外人道的玄機。但是，Peter Moreira的研究，海氏夫婦與蔣夫人二度會是在四月十五日。是日下午二時，海明威夫婦就離開重慶，前往緬甸，繼續蜜月旅行。㉖其立論的基點，是四月十四日兩對夫婦在官邸會餐。㉗如是，顯然就站不住腳。

與宋美齡在官邸一席暢談

海明威夫婦與蔣介石於四月十三日茶敘，時機有點不足。蔣連日來掛念蘇俄與日本在莫斯科協議中立友好條約的事態，故話題難免顯得嚴肅一些。海明威夫婦身為作家，自然希望能有與蔣夫人單獨輕鬆會談的機會。不知透過何種管道，他們的希望成真。四月十四日上午，海明威夫婦二度造訪曾家岩官邸，會見蔣夫人。在蔣夫人引領下，參觀官邸鄰近的防空洞，並在防空洞前面樹下的一張石桌，促膝閒敘，合拍了兩幀狀甚輕鬆愉快的合照。蓋爾紅將對話過程記錄下來，回到美國後撰成“Her Day”專文，在《礦工》雜誌刊載。㉘她的專訪對蔣夫人近距離而細膩觀察，亦從蔣夫人言談中，更真實地認識宋藹齡、蔣介石，以及她們的婚姻和戰時生活。傾談之下，蓋爾紅腦海裡浮現這樣的印象：「蔣宋美齡其實也是一個平凡人」。

這篇訪談，是中西兩位夫人在烽火中的交會，具有深厚史料價值。蓋爾紅在僕人宣布之前就快速輕鬆地進入房間，首先觀察到會客室：很簡單，灰色調，家具擺放合適。椅背上有蕾絲花邊，桌子閃閃發光。這是一個莊嚴的維多利亞風格的房間。接著，描述蔣夫人儀容舉止，入木三分：

> 她是中國第二有權勢的人物，也是行政天才；她也是一個美麗的女人。一旦她說話、微笑，你會知道你聽到的都是真的。她可以吸引林中鳥，她確切知道如何吸引不同的鳥類。她大約五呎高，高跟鞋約五寸高。她出落得很美，如有大好前程的電影明星，她有著迷人的腿。她是鵝蛋臉，有奶油色的白皮膚，圓潤的下巴和平滑的脖子。她塗胭脂，口紅和淺色眼影，她墨汁般的黑髮從額頭自然地流瀉下來，並在後頸梳了個結。
>
> 她每個舉手投足都令人賞心悅目。看著她很令人愉悅，她用低沉的嗓音用說著有點含糊口音的英文聲音是如此引人入勝，以至於你會忘了你在和中國的第二號統治者說話。
>
> 她快速地說話，身體前傾，吸著用烏木煙嘴裝著的薄荷香菸，一根接著一根抽著。她穿旗袍。卓越的中國人藉著只有一種版型的衣服解決了時尚問題。你可以用任何一種布料製作旗袍，但是版型都一樣。八年前非常短的袖子變得流行起來，變成很棒的創新。現在所有的婦女都穿這種袖子的旗袍。
>
> 在最近溫暖晴朗的天氣下，蔣夫人穿著絲綢般的衣服。至於飾品，她今天戴黑玉耳環，昨天我們與夫人以及委員長喝下午茶時帶鑽石耳環。她噴淡淡的香味，看起來好像除了美麗，沒有其他了。

蔣夫人謙虛而幽默地告訴他們：她覺得她的英語生硬僵硬，自從離開衛斯理後就一直沒有到美國。海外華人說她一定要去美國巡迴演講，這會值得中國十師部隊。蔣介石則說，跟他在一起會值二十師，所以她就沒去。然後，談到她與蔣介石的關係：

> 昨天在茶會上，她當委員長翻譯。你可以看到他多仰賴她，特別是她作為外國人的中間人是多麼有用。他不會說英語，但他知道一個字。那就是「親愛

的」。她說：「你看，他可以隨時跟我說話，無論多麼糟糕，我們總是相互鼓勵。」她笑了，繼續說道：「我們已經結婚了十四年，我們很好，兩個人有這樣的脾氣，當我們結婚的時候，大家都說這婚姻不會長久。」這聽起來很熟悉，像其他任何一個在長久幸福的結婚生活中感到舒適就會自吹自擂的女人那樣。她繼續說：「他照顧我。有時候我忙到無法思考，就像卡在捕蠅紙的蒼蠅一樣，然後我丈夫會說：現在你去南岸鄉下待個幾天。他就把我送走。」如果可以的話，星期天委員長會和夫人渡河到他們南岸的鄉間別墅。大多數外國大使館都在南岸，所以他們比較不會轟炸。四川省的大山橫跨在大使館和標準石油公司和美國石油公司綜合大樓後方，有微風吹撫，可以使人在戰爭中稍事休息。

蓋爾紅告訴蔣夫人，他們在香港見孔夫人。蔣夫人又是侃侃而談：「她是個天使。她的心最善良。我告訴她，自己有太多的心以自己爲出發點，她總是衝動行事，然後人們說她壞話。」蓋爾紅從言談中，看到蔣夫人的脾氣，「你可以看到明亮的眼睛和突然強硬的下巴。你可以看到，當所愛的或相信的遭到襲擊時，這個女人會戰鬥」。並繼續描述她爲孔祥熙夫婦辯白：

蔣夫人說：「他們說我姐姐投機。我叫她必須保衛自己。她是嫻靜溫和有耐心的人。她甚麼都沒做。你知道這個謊言是如何開始的嗎？孔祥熙在歐洲的加冕典禮。國債市值跌落。我丈夫跟我們談論此事。我們必須阻止下跌，所以我姐姐說她會以個人身分買進來支撐市場，但是她實際是為了政府買的。之後，眞正試圖強迫國債下跌並且被捕了的投機者指控我姐姐投機。她所做的是為了政府，在孔祥熙不在以及委員長都知情的情況下。」

「人們是邪惡的不公正的」，她繼續說：「流言開始的時候沒有人確認，然後流言被轉述。當我聽到針對孔祥熙的惡言時，我很生氣，中國沒有人會做一份工作做這麼認眞這麼久，或全心全意配合。他犧牲了自己的健康和家庭，放棄自己的事業。除了無止盡的工作外，他什麼也沒有得到，而且他只能遠離家人隻身住在這裡，而且他的心臟不好。他從不抱怨繼續他的工作。然後現在人們抨擊他。我會反擊。他們兩位比我更尊貴。」

蓋爾紅也談到一些關於權力的代價，對於如果全世界關注你，有些人就會開始有話說，這樣影響一些平淡的小評論。蔣夫人則回應說：「關於我們的事，有些我不介意。每次我到香港，他們就說我要和日本人做和平協議，或者去辦離婚，或者是委員長用槍把我趕出來了。在八卦中，我們已經離婚很多次，這眞的很有趣。」其實，她去香港目的是看一名美國脊骨神經醫師，醫治她兩年前在上海車禍中扭傷的背部。但她厭倦去解釋爲什麼要旅行。她特別提到一件往事。當她是一個年輕的新娘，聽到關於丈夫可怕的故事，都是耳語和謠言。人們傳說他在美國有五百萬美元的黃金。這使她很擔心，跟錢無關，而是他沒有告訴一切。有一天，她向母親哭訴。母親勸說：「你要嘛愛你的丈夫，絕對相信他，或者你現在打包回娘家。」所以就試著不再去想這件事。後來，遇到張學良妻子于夫人。有天，于夫人告訴她：「你知道，我丈夫在美國有五百萬美元。」她終於瞭解眞相，就對丈夫說：「關於對你的指責，我都會矢口否認了。但他不准。他很驕傲，他永遠不會為自己辯護。」

關於一天的行程，蔣夫人說：「如你所見，中國每個人都在工作。就我們所知，休閒娛樂幾乎不存在。在一般時候，為了取樂，中國人會吃飯、聊天、打麻將、或抽鴉片。年輕一代喜歡跳舞。但是新生活運動是一種非常需要合乎道德的運動」，蓋爾紅知道蔣夫人是運動的精神領袖，積極工作。瞭解新生活運動根植於嚴格的道德準則，可能覺得中國人很隨興又慢呑呑。這種道德上的厲行是打敗戰爭的必要條件。賭博、跳舞也是禁止的；甚至吸煙和絲綢洋裝都令人皺眉。鴉片賣家和鴉片吸食者會被槍殺。

蓋爾紅不預期蔣夫人一天行程充滿玩樂，但是很驚訝地得知她的行程多耗時、多辛苦：她早上六點三十分起床。和丈夫有一小時一同靜默（禱告）。她獨自吃早餐時，祕書會帶著成堆的郵件，她會回信或註記回應。她的筆跡很平凡易讀，看起來像一個讀了四年的衛斯理學院女孩在上課教室筆記的筆跡。上午結束時，她會接待傾聽她領導的各面向婦女工作報告。在午宴時接待各方客人。午飯後，她會在她所監督的各種培訓學校、參訪的醫院、委員會會議進行演講。傍晚，她會和丈夫一起散步。這是他們一天中唯一放鬆時刻。他們不會走在擁擠的城鎮中。他們爬上重慶陡峭山區，走到鄉間去。他們晚茶和晚餐也招待賓客。如果客人是外國人，夫人就得擔任翻譯。晚飯後，她回到桌前工作到午夜。

蓋爾紅認為：「沒有一個苦力的工作時間比她還長」。蔣夫人突然反問她：「你覺得當妻子困難嗎？」沒等回答，就繼續說：「有時我還在辦公，就有二十個人在外頭等著找我。我不知道我接下來整天要怎麼熬過，然後委員長進來想找我說話或散步，我就放下一切。安排我的行程並不容易，但我認為他是我的首要責任，如果我能幫助他任何一點，我就是為中國做出最大的貢獻。」談至此，蓋爾紅認為蔣夫人就像其他的女人一樣，其實也只是個平凡人。

除了一天忙碌行程之外，蔣夫人還表示：自己喜歡寫作，而且像其他作家一樣也擔心作品的質量。她一直在翻譯中國歷史的摘錄。「說摘錄其實不然，這相當符合時勢，雖然這是三千年前寫的。當歐洲人還光著身子茹毛飲血時，中國就有政治思想了。」蓋爾紅聽了想大笑。她覺得中國人對他們的種族和歷史有著強烈不止息的自負，不時流露出他們的文明比其他的存在還要長久的樣子。說到這裡，宋美齡不禁埋怨：為這個工作了二十個小時，但沒翻幾頁。所以她很氣日本人，想最好做點什麼來反擊。空襲時候，就走到防空洞，坐在門前一塊石頭上，帶著英文詞典翻譯，直到轟炸機飛到上空。

這番話引起蓋爾紅好奇，表示想看看防空洞。宋美齡上樓去拿草帽。這頂帽子帽沿很寬，呈小麥色，繫著紅色緞帶。她戴上草帽，在下巴打了個結。蓋爾紅稱讚，帽子好適合她。她立刻表示要送蓋爾紅一頂，說：「這可是一份大禮，要價二十五分錢。」她們三人走下官邸臺階、經過兩間警衛室，穿過車道，繼續下臺階，到一處小花園。蓋爾紅形容，這裡有一片貧瘠草地，是一個

◀海明威夫婦與宋美齡在重慶曾家岩邸前合影。

一棵棵了無生氣的樹陰卻令人感覺舒適的地方。防空洞就在此處：一堵花崗岩高牆，通往地下室的臺階，室內擺著四張老藤椅和一張放蠟燭桌子。在洞外樹下，擺置一張圓形石桌和四個水桶造型的石椅。蔣夫人就在這裡寫作。他們坐在石椅上吸煙，享受著陽光。

蓋爾紅表示，這裡很可愛。蔣夫人回說：這是重慶最漂亮的地方，當日本不轟炸的時候。她問蓋爾紅，接下來要去哪裡？蓋爾紅回答了。蔣夫人追問，然後要去哪呢？「家」，蓋爾紅回稱。蔣夫人語帶羨慕表示：「生活在和平的國家一定很棒。」蓋爾紅即回應：「戰爭結束後，中國也會很棒。」蔣夫人立即糾正，是「當戰爭勝利後」。顯示她懷著必然戰勝日本侵略者的信心。

三人圍坐在防空洞前面樹下石椅上合照，為海明威夫婦中國行留下最後美好的身影。

結語：夫婦不會再回來偉大的中國

嘉陵賓館盛大茶會後次日，四月十五日下午二時，海明威夫婦搭機經昆明前往緬甸北部重鎮臘戍，再到第二大城市——曼德勒，終抵首都仰光。在仰光待一星期左右，因受不了炎熱，大部分時間都留在室內休息寫作，較少外出觀光。蓋爾紅也一直在關注馬來半島上的情勢。適巧新加坡發生一名日軍被殺害新聞，讓她很想前往一探。經商量後，蓋爾紅於四月二十一日自行搭機前往。海明威則先回香港，等候她一同回美國。

海明威隨後於四月二十八日搭機經昆明前往香港，繼續他多采多姿的社交生活與寫作。五月一日，《大公報》報導一則電訊，謂海明威於四月二十九日抵達香港後，拒絕發表此行印象；惟對中國軍隊深致欽慕。據稱：華軍訓練精湛，士氣雄壯，感受最深。十六日，香港《士蔑西報》（*The Hongkong Telegraph*）揭露海明威在韶關時，某夜曾隨中國軍隊分乘三艘沙船，潛入廣州，眼見中國軍隊破壞日本若干軍事設施，於拂曉前安全引去。海明威對此次冒險留下深刻印象。

然而，最重要的是他先後在仰光、香港和馬尼拉為《午報》一連寫了六篇報導，分別為〈蘇日簽訂條約〉、〈日本必須征服中國〉、〈美國援華〉、〈日本在中國的地位〉、〈中國空軍急需加強〉及〈中國加緊修建機場〉，回國後再加工整理定稿，將中國奮抗日本侵略的精神和實況介紹給美國人民。海明威觀察：日本絕不可能征服中國，因為中國擁有豐富人力物力，中國人民勇敢犧牲。他們能夠發動反攻，而且必將獲得最後勝利。這六篇報導收入威廉・懷特（William White）主編的《海明威報通訊集》（*By-Line: Ernest Hemingway: Selected Artiles and Dispatches of Four Decades*），成爲記錄海明威訪問中國的寶貴文獻。

五月六日，海明威離開香港，飛往菲律賓馬尼拉。又等不到蓋爾紅，乃於五月十一日先行回美。五月十七日，返抵舊金山。至於蓋爾紅，在新加坡逗留一陣子，續轉往荷屬印尼的巴達維亞觀察；五月二十七日，才回到舊金山。後在《礦工》雜誌發表"Flight Into Peril"、"These, Our Mountains"、"Her Day"等專文，記述她中國行的見聞。相較於海明威的報導，她的文筆細膩，更具有人情味。特別是與蔣夫人宋美齡對話的"Her Day"，深入刻劃且不失趣味，展現女性溫良的一面。他們夫婦曾前往華盛頓，會見海軍情報所一位上校，彙報收集到的中國抗戰情資，同時致信財政部一位官員，詳述他和蔣介石交談的內容及其對中國時局的看法。因此，外界認爲他們夫婦到中國不單純是度蜜月，其實還負有祕密任務。

海明威與瑪莎在第二次世界大戰後仳離。他們夫婦戰時在重慶，立下回國後打算寫些關於中國抗戰的小說，及「一定再來盡情地欣賞偉大的中國」的諾言，並沒有實現，但是他們訪華之行，增進中美文化交流，更爲戰火中國作有利宣傳。他回國數天後，接受《午報》主編英格索訪談，說：「當人們從美國進入中國，看到種種通貨膨脹的跡象時，他們總以爲一切都完蛋了。可是，如果考慮到中國已經打了四年仗，事實上情況還是很好的。通貨膨脹的情況絕不比打了四年仗的其它國家糟到哪裡去。」此外，將收集的資料和情報通報美國國務院和軍方，介紹中國之行。更耐人尋味的是，海明威中國之行留下深刻印象，爲日後小說創作增添了素材。一九五二年，他創作《老人與海》小說，隱約流露當年參訪中國所見堅忍搏鬥與奮抗不屈的心跡。

海明威與瑪莎離婚後，各自又另結新伴侶，過著喜愛的寫作生活。但兩個勇敢、強悍的人，最後卻都以自殺了斷餘生。一九六一年七月二日，海明威在美國愛達荷州克川市（Ketchum）住宅飲彈自戕。一九九八年二月十五日，情人節後的第二天，瑪莎・蓋爾紅在倫敦公寓仰藥自盡。

注釋

①Martha Ellis Gellhorn, *Travels with Myself and Another: A Memoir* (New York: Jeremy P. Tarcher/Putnam, 2001), p. 54.

②李奭學，《中西文學因緣》（臺北：聯經出版事業公司，一九九一年），頁三〇六。

③《中央日報》（重慶），一九四一年三月二十七日；《大公報》（重慶），一九四一年三月二十七日。另《大公報》於二十一日得自曲江專電，謂海明威二十一日晚由香港抵韶關，消息恐有誤。

④同注二，頁三〇七。

⑤⑥Martha Ellis Gellhorn, "These, Our Mountains," *Collier's Weekly*, June 28, 1941.

⑦楊仁敬編著，《海明威傳》（臺北：業強出版社，一九九六年），頁一五九；Peter Moreira, *Hemingway on the China Front: His WWII Spy Mission with Martha Gellhorn*

(Washington, D.C.: Potomac Books, Inc., 2006), p. 109.

⑧Peter Moreira, *Hemingway on the China Front: His WWII Spy Mission with Martha Gellhorn*, p. 242，索引中將Mr. Ma和Hsia Zhi Shong視同一人。

⑨董顯光，《中國與世界報業》，轉引自李奭學，《中西文學因緣》，頁三一○。

⑩楊仁敬，〈海明威的中國朋友談海明威〉，《譯林》，一九九一年第三期，頁一九六、一九八—一九九。

⑪《中央日報》（重慶），一九四一年四月九日，第三版。

⑫《中央日報》（重慶），一九四一年四月十日，第三版。新聞報導，原定十日上午九時乘中航機赴成都，實際出發時間是下午四時。

⑬《中央日報》（重慶），一九四一年四月十一日，第三版。

⑭⑮William White ed., *By-Line: Ernest Hemingway: Selected Artiles and Dispatches of Four Decades* (New York: Charles Scribner's Sons, 1967), p. 335; 329.

⑯《中央日報》（重慶），一九四一年四月十二日、十三日。有學者著書謂：「海明威在成都住了四天，四月十四日再返重慶，準備離華。」實誤。參見注二，頁三一一。

⑰同注十四，頁三○九。

⑱海明威，在〈蘇日簽訂條約〉（Russo-Jan Pac）專文中，提到該約發布之日，他們夫婦與蔣夫人午餐。關於蘇聯顧問問題，將夫人在談話中表示：「我們無從得知他們是否會真正撤回？」海明威以西班牙內戰為例說明，只要顧問、教導員等留下來，就意味著援助將持續。六月初，他在香港接到蔣夫人信，表達蔣介石對於蘇日簽訂條約一事的回應。同注十四，頁三一五—三一六。

⑲同注十四，頁三二六。

⑳同注八，頁一三七。

㉑《中央日報》（重慶），一九四一年四月十六日，第三版。

㉒《中央日報》（重慶），一九四一年四月十五日，第三版。

㉓Peter Moreira, *Hemingway on the China Front: His WWII Spy Mission with Martha Gellhorn*, p. 127，指明市場中的婦人為王安娜，並說明她的身分。

㉔王安娜（Anna Wang），《中國——我的第二故鄉》（北京：三聯書店，一九八○年），頁三九八。

㉕《蔣介石日記》，一九四一年四月十四日。

㉖同注二一；Peter Moreira, *Hemingway on the China Front: His WWII Spy Mission with Martha Gellhorn*, p. 142.

㉗Peter Moreira, *Hemingway on the China Front: His WWII Spy Mission with Martha Gellhorn*, p. 137.

㉘Martha Gellhorn, "Her Day," *Collier's Weekly*, August 30, 1941.

本期特稿

學術保姆與學術商人

——初論胡適與劉文典的關係（上）

莊　森

胡適是劉文典學術生命中不可或缺的人物。兩人既是同僚，亦是同鄉，都由陳獨秀提攜進入北京大學任教，緣陳獨秀而相識、交往、相知、相助。新青年社團時期及此後，陳獨秀雖是劉文典授業老師，但劉文典「最敬愛」胡適。劉文典給胡適寫信，必是遇難題需要解決，既有生活的，更多是學術的——或爲著述出版，或爲書稿交涉「錢的問題」，或向胡適哭訴學術道路坎坷，或要胡適給他學生謀職位等等，胡適不厭其煩，總是盡力幫劉文典「說項」，甘當劉文典的學術保姆——或協助其選擇學術目標，或「獎飾」其學術聲譽，或力爭其學術收益。

劉文典這樣定位與胡適的關係：「你是弟所最敬愛的朋友，弟的學業上深深受你的益處，近年薄有虛名，也全是出於你的『說項』，拙作的出版，更是你極力幫忙、極力獎進的結果。所以弟之對於你，只有敬愛和感謝，決不會有別的。」①陳獨秀提攜劉文典進入北京大學，鯉魚躍龍門，改變人生的道路。胡適「獎進」劉文典進入學術界，確立學術地位，開啓人生的輝煌。

一

劉文典在北京大學「背時」時，胡適引導劉文典選定學術目標，進入校勘學領域，一書成名，奠定學術地位，改變其「有些難堪」的學術生涯。

劉文典任教北大文科時，年僅二十七歲，學術根柢淺薄，既沒有大學學歷，更沒值得炫耀的學術資源，雖得陳獨秀力挺提攜，但待遇相對較低，同事也另眼相看，沒有機會升級調薪。「那時在大學都是以學術立足，一位教授如果在學術方面沒有什麼成就，是會被人非議的。一個毛頭小夥子做點翻譯或寫點感受之類的文章，難登大雅之堂，必須要有一兩部有影響的學術著作才行。」②陳獨秀離開北大後，劉文典更覺得前途渺茫，向胡適訴苦：「典在北大裏，也算是背時極了，不如典的，來在典後兩年的，都是最高級俸；照章程上的規定的，授課時間之多少，教授的成績，著述及發明，在社會上聲望等四個條件，除末一條外，前三條似乎都不比那班先生差多少，然而整整五年，總是最低的俸。錢的多寡原不算甚麼，面子上卻令人有些難堪，所以典實在不想幹了。」③就在劉文典最迷茫時，胡適建議他確立校勘學爲學術目標，專攻古籍校勘，打開一扇學術大門，走進校勘學的高冷殿堂。

胡適與劉文典同年進入北大任教，但兩人境況卻有天壤之別。胡適的《中國哲學史大綱》上卷出版後，劉文典高度讚揚，認爲「這部書的價值，實在可以算得是中國近代一部Epoch making的書，就是西洋人著西洋哲學史，也只有德國的Wingband和美國的Thilly兩位名家的書著得和他一樣好。」④胡適的學術聲譽如日中天，從提倡文學改良的留美學生，華麗轉身爲最有影響力的新派教授，在學術界一言九鼎。

▲一九一七年九月，赴北大任教的胡適。

一九一九年八月十六日，胡適乘著《中國哲學史大綱》巨大聲譽，倡導「做國故的研究」，提出「做學問的人當看自己性之所近，揀選所要做的學問，揀定之後，當存一個『爲眞理而求眞理』的態度。研究學術史的人更當用『爲眞理而求眞理』的標準去批評各家的學術。學問是平等的。發現一個字的古義，與發現一顆恆星，都是一大功績。況且現在整理國故的必要實在很多。我們應該盡力指導『國故家』用科學的研究法去做國故的研究，不當先存一個『有用無用』的成見，致生出許多無謂的意見。」⑤

一九一九年十一月一日，胡適正式公開提出四句口號：「研究問題，輸入學理，整理國故，再造文明。」整理國故的目的是再造文明，「因爲古代的學術思想向來沒有條理，沒有頭緒，沒有系統，故第一步是條理系統的整理。因爲前人研究古書，很少有歷史進化的眼光的，故從來不講究一種學術的淵源，一種思想的前因後果，所以第二步是要尋出每種學術思想怎樣發生，發生之後有什麼影響效果。……第三步是要用科學的方法，作精確的考證，把古人的意義弄得明白清楚。……第四步是綜合前三步的研究，各家都還他一個本來眞面目，各家都還他一個眞價值」，⑥也就是循著科學的軌道研究整理歷史文化遺產，把整理國故和再造文明聯繫起來。整理國故離不開校勘古籍，胡適清楚劉文典的學術造詣，瞭解他師從劉師培、章太炎研讀典籍，因而建議他校勘先秦諸子，整理國故。

劉文典得胡適的精神鼓勵與北京大學的資金支助，埋頭苦幹校勘《淮南子》。校勘學是一門科學，每校一個字都要掌握充分而確鑿的資料。劉文典治學態度嚴謹，不僅背誦爛熟《淮南子》，還廣泛收集資料，夜以繼日，廢寢忘食。常半夜躺在床上，突然想起一條材料或一個問題，立即爬起工作。校勘古書，常碰到音韻、文字、訓詁，以及版本、目錄等等困難，劉文典以驚人的毅力和才能，攻克了一個又一個難關，掌握了各種知識和學問。「壓力成了動力，父親就拚了命地做學問。」⑦一九二一年九月二十一日，劉文典完成校勘《淮南子》初稿，致信胡適「告編訖《淮南鴻烈集解》事，並述七項優點，請指正」，並「另詢可由商務印書館代爲出版否」。⑧

胡適用三天時間，「略翻」《淮南鴻烈集解》，肯定劉文典「確然費了一番很嚴密的功夫」，確實「做成」了「一部大書」：

> 劉叔雅（文典）近來費了一年多的功夫，把《淮南子》整理了一遍，做成《淮南鴻烈集解》一部大書。今天他帶來給我看，我略翻幾處，即知他確然費了一番很嚴密的功夫。他把各類書中引此書的句子，都抄出來，逐句尋出他的「娘家」。……凡清代校勘此書之諸家，皆廣為搜輯。他自己也隨時參加一點校語，以校勘為限，不涉及主觀的見解。他用的方法極精密，——幾乎有機械的嚴謹，——故能逼榨出許多前人不能見到的新發現。⑨

胡適評價劉文典「用的方法極精密」，因此「能逼榨出許多前人不能見到的新發現」，取得令人敬佩的學術成果，決定列入《北大國故叢刊》，推薦給商務印書館出版。當天，胡適即向商務印書館推薦《淮南鴻烈集解》。二十四日，張元濟「在胡適之處，見其友劉君輯成淮南子集注佚文稿本，將各家注本匯輯成編，甚便讀者。」⑩

劉文典的《淮南鴻烈集解》正式出版前，因有胡適的「說項」，學術聲譽日隆。校勘《淮南鴻烈集解》之前，劉文典「做過校勘的功夫，素來無人曉得」，⑪更得不到認可。胡適鼓勵劉文典憑藉這種學術聲譽，選擇校勘先秦諸子立身。一九二一年十一月，胡適爲推行整理國故，建議北京大學成立研究所國學門，以沈兼士爲主任，蔡元培、胡適、李大釗、錢玄同等人爲委員。胡適擬了一個整理國故規畫，選出一批有價值的古籍，每一種書整理成一冊可讀的單行本，並擬出一部分整理的人選，同時推薦劉文典整理《論衡》。

劉文典感激胡適的提攜，積極校勘《論衡》，配合胡適整理國故，同時加強與胡適的聯繫、互動，交換研究心得，分享研究資料，密切與胡適的合作，緊密私人關係。一九二二年三月二十六日，胡適就登門拜訪劉文典，相互交流。胡適「訪叔雅，借得戴震《孟子字義疏證》，路上在一家小飯館內吃飯，就把此書看了一卷。此書眞厲害！」⑫

劉文典校勘《論衡》時，有意旁及先秦諸子，遇到問題，多求教胡適。胡適強調校勘的方法必須嚴密，「站在證據上求證明」，就像「顧亭林要證明衣服的『服』字古音讀作『逼』，找了一百六十個證據。閻百詩爲《書經》這部中國重要的經典，花了三十年的工夫，證明《書經》中所謂古文的那些篇都是假的。差不多僞古文裏面的每一句，他都找出它的來歷。」⑬劉文典受胡適的影響，注重運用嚴密的方法，「站在證據上求證明」。一九二二年十一月二十三日，劉文典致信胡適，報告因得胡適點撥，終於又攻克一道難關，完成「偉、每、們的關係」考證。劉文典說：

> 《困學紀聞》一時翻檢不著，只好把弟的札記抄一段：
>
> 古人上梁文每發號，必呼「兒郎偉」。樓大防辯之云：「上梁文必言『兒郎偉』，或以為唯諾之唯，或以為奇偉之偉，皆未安。在敕局時，見元豐中獲盜推賞刑部例，皆即元案，不改俗語……
>
> 偉、每、們的關係，弟初以為是「偉」疊韻轉成「每」，又雙聲轉成「們」，前次聽你一說才明白了。（「才」本當寫「纔」字，因為「才」「纔」古通用，所以圖省事寫作「才」。）⑭

劉文典曾被「偉、每、們的關係」困擾，因得胡適「一說」才終於「明白」，清除校勘《論衡》的障礙。歷時一年有餘，完成《論衡》校勘。一九二三年二月二十六日，劉文典致信胡適，報告已「細細校過」《論衡》，把「通津草堂本的敓誤處都補上了，自信是《論衡》的最完善的本子」。劉文典的信說：

> 漢代諸子，除了《淮南子》之外就數《論衡》了。弟近來細細校過，並且把亡友朱君蓬仙校的本子拿來參考，通津草堂本的敓誤處都補上了，自信是《論衡》的最完善的本子。前次你病了，住在協和醫院的時候，因為不敢來煩你，就寫了一封信，問商務能否出版，他們的覆信很奇怪，有「極為懷疑」的字樣，這班「外行」，不懂得什麼，並且純粹以市儈眼光看的，固無足怪；但是弟為思想界計，總捨不得拋棄這部書，不知道你能想法子出版否？⑮

劉文典校完《論衡》，自我感覺良好，認爲已有盛名在外，可以不「煩」胡適了，逕直聯繫商務印書館洽談出版，但商務印書館的「覆信很奇怪」，極大打擊劉文典的自信、自尊，劉文典極爲生氣，罵「這班『外行』，不懂得什麼」，又用「純粹以市儈眼光看」人，可惡可恨。《論衡》能否順利出版，能否收穫豐厚的名利，成爲劉文典的心痛，以致在病中都放心不下，僅過五天，三月一日，再致信胡適，詢問「前函所懇的事，能否辦到，也請你順便回我一個信。」⑯

劉文典校勘《論衡》，原是整理國故規畫重要一環，胡適自然大力支持，迅速與商務印書館商議，替劉文典「想法子出版」。商務印書館接受胡適的推薦，高夢旦明確告訴胡適：《論衡》「原稿先生想已看過，如果完全即可定議，否則稍緩爲荷。」⑰

接連完成校勘《淮南鴻烈集解》、《論衡》，劉文典儼然成了校勘學權威，開始規劃學術人生。胡適期望新青年社團社員立志追求「（一）立德的不朽，（二）立功的不朽，（三）立言的不朽」這「三種不朽」。劉文典不願再「專跟著人跑」了，「很想自己開拓一點境宇」，有學術創造，達到「立言的不朽」。

「『言』便是語言著作，像那《詩經》三百篇的許多無名詩人，又像陶潛、杜甫、蕭士比亞、易卜生一類的文學家，又像柏拉圖、盧騷、彌兒一類的文學家，又像牛敦、達爾文一類的科學家，或是做了幾首好詩使千百年後的人歡喜感嘆；或是做了幾本好戲使當時的人鼓舞感動，使後世的人發憤興起；或是創出一種新哲學，或是發明了一種新學說，或在當時發生思想的革命，或在後世影響無窮。這便是立言的不朽。總而言之，這種不朽說，不問人死後靈魂能不能存在，只問他的人格，他的事業，他的著作有沒有永遠存在的價值。」⑱劉文典決定「以後誓將自奔前程」，既追求「立言的不朽」，也追求獲取最大的利益。一九二三年三月一日，劉文典致函胡適說：

> 我這回病了，睡在家裏，左想右想，覺得自己從前做工夫的法子實在太呆板、太拘謹了，充其量不過跟著乾、嘉時候的先生們，「履大人迹」，實在不是二十世紀的學者所該幹的，從前很以「謹守家法」自豪，現在很想自己開拓一點境宇，至少也要把這「家法」改良修正一番，總要教後人以我們的「法」為「家法」才好。這番話不是幾張八行所能說清楚的，日內賤疾稍好一點，要和你當面談談，總之，劉某在半月以前是個專跟著人跑的，從今以後誓將自奔前程的了。不是這場病，沒有靜臥著平心細想、反省、懺悔的機會。⑲

劉文典從此下定決心，獨闖學術道路，「教後人以我們的『法』爲『家法』」，把學術當成立身養家的生意，追求收穫最大的名利，並接受胡適的建議，準備校勘《莊子》，充分挖掘學術潛力，追求實現人生的「眞價值」，達到「立言的不朽。爲什麼呢？因爲不朽全靠一個人的眞價值，並不靠姓名事實的流傳，也不靠靈魂的存在。試看古今來的多少大發明家，那發明火的，發明養蠶的，發明絲的，發明織布的，發明水車的，發明舂米的水車的，發明規矩的，發明秤的，……雖然姓名不傳，事實湮沒，但他們的功業永遠存在，他們也就都不朽了。這種不朽比那個人的小小靈魂的存在，可不是更可寶貴，更可羨慕嗎？況且那靈魂的有無還在不可知之中，這三種不朽——德，功，言，——可是實在的。」⑳劉文典決意追求「立言的不朽」，獨闢蹊徑校勘《莊子》。

劉文典研讀《莊子》頗有學術淵源。一九一〇年，劉文典流亡日本，正式拜入章太炎門下，就跟章太炎研讀《莊子》。劉文典「天天到他那裏去請教，聽他講些作經學小學的方法，他又講《說文》、《莊子》給我聽，我那時候年紀太輕，他說《說文》，我還能懂一點，他講《莊子》，我就不太懂。再加上佛學，那就更莫明其妙了。」㉑劉文典追隨章太炎學《莊子》，影響其校勘《莊子》至深。章太炎將佛學引入莊學研究領域，用佛家要義闡釋莊子，啓蒙劉文典不僅從單純的文字角度校勘《莊子》，更融入自己的思維，因此見解不僅獨特，而且貼近《莊子》，又有十分的穿透力。

校勘的目的是發現錯誤。發現錯誤最有效的做法是比較不同版本。劉文典校勘《莊子》時，常與胡適聯繫，交流所見所得，聽取胡適意見，請求胡適指導。胡適強調：校勘的人「必須懂得要有證據才可以懷疑，更要有證據才可以解決懷疑。我看這就足夠給一件大可注意的事實做一種歷史的解釋，足夠解釋那些只運用『書本、文字、文獻』的大人物怎麼竟能傳下來一個科學的傳統，冷靜而嚴格的探索的傳統，嚴格的靠證據思想、靠證據研究的傳統，大膽的懷疑與小心的求證的傳統——一個偉大的科學精神與方法的傳統，使我們當代中國的兒女，在這個近代科學的新世界裏不覺得困擾迷惑，反能夠心安理得。」㉒一九二三年二月二十六日，劉文典致函胡適說：

▶章太炎。

> 《莊子》這部書，注的人雖然很多，並且有集釋、集解之類，但是以弟所知，好像沒有人用王氏父子的方法校過。弟因為校《淮南子》，對於《莊子》也很有點發明，引起很深的興味，現在很想用這種方法去辦一下，也無須去「集」別人的東西了。只仿照《讀書雜志》的樣兒，一條條的記下來就行了，有多少算多少，也無所謂完事，做到那裏算那裏。這樣做法，你要贊成，弟預備等書債償清之後就著手了。㉓

「《讀書雜志》的樣兒」由胡適創造。劉文典「仿照《讀書雜志》的樣兒」校勘《莊子》，胡適自然十分「贊成」，給予大力支持。劉文典校勘《莊子》，確實用「《讀書雜志》的樣兒，一條條的記下來」，成了最著名的研究莊子的學者。

劉文典規劃以校勘先秦諸子立身，追求成爲學術巨商，收穫最大的名利，因此用心鑽研，加大投入精力。他的兒子回憶說：「聽母親說，父親做學問很投入。父親大多是晚上讀書做研究，他覺得白天不太安寧，他一般是從晚上九點鐘後開始，直到天亮以後才睡覺。中午我母親做好飯，把父親叫起來，他還是迷迷糊糊的，我母親夾菜給他說叔雅吃這個、叔雅吃那個，此時父親就是個暈暈叨叨的人，在朦朦朧朧中吃飯，就靠母親把菜夾到他碗中。」㉔劉文典爲實現學術人生規畫，捨得投入、付出，因爲太拚命工作，造成「勞苦過度，得了很重的神經衰弱症，養息半年」後才好起來，才「舒服幾天，就努力」㉕工作，拚搏「做學問」的人生。

一九二三年四月十七日，劉文典致函胡適，求教《莊子》的〈人間世〉和〈知北遊〉中發現的兩個問題，說：「偶然得著兩條東西，第二條略略對你說過，第一條還不敢十分自信，請你檢和著原書看看能要麼？」並把「兩條東西」附後。㉖劉文典對第二條很自信，因為已與胡適討論過了，並得到了胡適的肯定。劉文典對第一條沒有確切的把握，特寫信向胡適請教。

胡適認為，從事古籍校勘「考據的人，不但要時時刻刻批評人家的方法，還要批評自己的方法；不但要調查人家的證據，還得要調查自己的證據。五年的審判經驗，給了我一個教訓。為什麼這些有名的考證學者會有這麼大的錯誤呢？為什麼他們會冤枉一位死了多年的大學者呢？我的答案是：這些做文史考據的人，沒有自覺的方法。剛才說過，自覺就是自己批評自己，自己檢討自己，自己修正自己。這是最重要的一點。在文史科學，社會科學方面，我們不但要小心的求證，還得要批評證據。」㉗胡適時時刻刻提醒劉文典注重「批評證據」。

胡適是劉文典的學術保姆，不僅「獎飾」劉文典的成就，還給予各種支持。胡適知道劉文典校勘需要工具書，特意找到一部《文選箋證》送給劉文典。劉文典非常感動，致函感謝胡適，說：「知道你特地尋了一部《文選箋證》送我，另外十分心感。」㉘

二

胡適不僅把劉文典當成朋友，還當成整理國故的重要力量，支持劉文典校勘先秦諸子，「獎飾」其學術成就，提升其學術聲譽。

一九二一年六月十五日，劉文典完成《淮南鴻烈集解》的校勘。九月二十一日，《淮南鴻烈集解》書稿送到胡適家，胡適日夜審讀，「略翻幾處」，評價劉文典「做成《淮南鴻烈集解》一部大書」，肯定劉文典校勘功夫嚴密，學術水平高。九月二十四日，即向商務印書館推薦出版，並毫不吝筆墨地誇讚劉文典：

> 叔雅，合肥人，天資甚高，作舊體文及白話文皆可通。北大國文部能拿起筆來作文的人甚少，以我所知，只有叔雅與玄同兩人罷了。叔雅性最懶，不意他竟能發憤下此死功夫，作此一部可以不朽之作！㉙

胡適認為：北大國文部「能拿起筆來作文」的「只有叔雅與玄同兩人」，高度評價劉文典的創造力，並讚賞《淮南鴻烈集解》是「一部可以不朽之作」。這是何等高的評價！胡適如此學術評價，完全是為鼓勵、宣傳、推薦劉文典，自覺充當劉文典的學術保姆，替劉文典撐開一片學術天空，開創一個良好的學術環境，呵護劉文典健康成長。劉文典受到如此高評價，充分激發自信心，倍增虛榮心及謀利心，希望胡適向蔡元培隆重推薦，「並且代典略吹幾句」，讓蔡元培「重新發現」他，消弭「不出名」尷尬，改變在北大「面子上卻令人有些難堪」的局面。一九二一年十月九日，劉文典致信胡適，說：

> 昨天在電話裏，匆匆地沒有得細談，關於《淮南子》的事，典想請你把拙稿送給蔡先生看一看，並且代典略吹幾句，因為我之做過校勘的功夫，素來無人曉得，《淮南子》雖是漢朝人著的書，卻比先秦諸子還要難弄些，典去年

初做的時候，就有聽了冷笑的，你現在「逢人說項」，當時「冷笑」的人見了我，也熱笑著問長問短了。所以我想蔡先生如果不看一看，未必就能相信典能以辦得了這件事，這是「不出名」的人的苦處，你總該不會見笑吧。㉚

胡適為幫助劉文典，早已到處「逢人說項」，宣傳、推薦劉文典，抬升劉文典的學術地位，過去對劉文典「『冷笑』的人」，也「熱笑著問長問短了」。劉文典發現胡適的「說項」能帶來意想不到的巨大收穫，追求享受胡適「說項」帶來的盛譽，因此凡與學術沾邊的事，都找胡適幫助，把胡適當成學術保姆，希望胡適「獎進」他登上學術頂峰。為獲得更多聲譽，取得更大的利益，劉文典請求胡適向蔡元培推薦他，而且一副商人嘴臉，直截了當地要求「吹幾句」。胡適是一位樂意助人的人，不負劉文典所託，不僅向蔡元培推薦《淮南鴻烈集解》，而且盛讚劉文典的學術造詣，改變了蔡元培對劉文典的評價，抬高劉文典在北大的地位。

《淮南鴻烈集解》付印前，劉文典再致信胡適，催促儘快為《淮南鴻烈集解》作序，並具體要求用文言文寫序，完全不顧忌胡適倡導白話文，並以身作則的身分，要求序文「以文言為宜」，給胡適出一個大難題。

▶蔡元培。

新文化運動以降，胡適已不寫文言文文章，因為他堅信：「若要使中國有新文學，若要使中國文學能達今日的意思，能表今人的情感，能代表這個時代的文明程度和社會狀態，非用白話不可。我們以為若要使中國有一種說得出，聽得懂的國語，非把現在最通行的白話文用來作文學不可。我們以為先須有『國語的文學』，然後可有『文學的國語』；有了『文學的國語』，我們方才可以算是有一種國語了。現在各處師範學校和別種學校也有教授國語的，但教授的成績可算得是完全失敗。失敗的原因，都只為沒有國語的文學，故教授國語沒有材料可用。沒有文學的材料，故國語班上課時，先生說，『這是一頭牛』，國語班的學生也跟著說，『這是一頭牛』；先生說，『砍了你的腦袋兒。』那些學生也跟著說，『砍了你的腦袋兒！』這種國語教授法，就教了一百年，也不會有成效的。——所以我們主張文學革新的第一個目的是要使中國有一種國語的文學；是要使中國人都能用白話作詩，作文，著書，演說。因為如此，所以要純用白話。」㉛劉文典卻要求胡適「做文言」文序，絲毫不顧及胡適的臉面。劉文典的信說：

拙著《淮南子集解》已經全部完成，許多學生們都急於想看，盼望早一天出版。現在就因為等你那篇序，不能付印，總要請你從速才好。至於文體，似乎以文言為宜，古色古香的書，配上一篇白話的序，好比是身上穿了深衣，頭上戴著西式帽子似的。典想平易的文言

> 和白話也差不多啊，如果你一定不肯做文言，也只得就是白話罷。㉜

劉文典要求胡適作序「以文言爲宜」，確是強胡適所難，但爲「獎進」劉文典，胡適不計較個人名譽得失，扛下所有委屈、爲難。一九二三年「三月六日，爲劉文典（叔雅）的《淮南鴻烈集解》作序」，㉝——寫了一篇洋洋灑灑的文言序文，胡適「暴得大名」後唯一的一篇文言文章，爲《淮南鴻烈集解》擎旗開路。胡適先借《淮南鴻烈集解》的序闡釋「整理國故」的三種路徑：

> 整理國故，約有三途：一曰索引式之整理，一曰總帳式之整理，一曰專史之整理。典籍浩繁，鈎稽匪易，雖有博聞強識之士，記憶之力終有所窮。索引之法，以一定之順序，部勒紊亂之資料；或依韻目，或依字畫，其為事近於機械，而其為用可補上智才士之所難能。是故有《史姓韻編》之作，而中下之材智能用《廿四史》矣；有《經籍纂詁》之作，而初學之士能檢古訓詁矣。此索引式之整理也……吾友劉叔雅教授新著《淮南鴻烈集解》，乃吾所謂總帳式之國故整理也。

胡適以解釋「整理國故」的路徑入題後，借題發揮，高度評價劉文典的《淮南鴻烈集解》。胡適說：

> 吾友劉叔雅教授新著《淮南鴻烈集解》，乃吾所謂總帳式之國故整理也。……叔雅治此書，最精嚴有法，……苟有引及，皆為輯出，不以其為前人所已及而遺云。及其為《集解》，則凡其所自得有與前人合者，皆歸功於前人；其有足為諸家佐證，或匡糾其過誤者，則先舉諸家而以己所得新佐證附焉。至其所自立說，則僅列其證據充足，無可複疑者。往往有新義，卒以佐證不備而終棄之；友朋或爭之，叔雅終不願也。……叔雅於前人之說，樂為之助證，而不欲輕斥其失，多此類也。㉞

胡適的序文就像一篇氣勢磅礴、論證全面的學術論文，高度評價了劉文典的《淮南鴻烈集解》，認爲「叔雅憑此書，最精嚴有法」，強調《淮南鴻烈集解》的價值在「讀者自能辨其用力之久而勤與方法之嚴而慎」，足以成爲整理國故的重要成果。

《淮南鴻烈集解》不僅獲得胡適的充分肯定，梁啓超也高度評價《淮南鴻烈集解》「博採先輩之說，參以己所心得，又從《御覽》、《選注》等書採輯佚文佚注甚備，價值足與王氏《荀子集解》相埒。」㉟一九二三年，胡適和梁啓超應《清華週刊》之邀，給學生開列最低限度的國學書目。胡適的推薦書目就有劉文典的《淮南鴻烈集解》，而且列入「實在的最低限度的國學書目」，就是在那份〈一個最低限度的國學書目〉的「原書目加上一些圈；那些有圈的，眞是不可少的了」㊱的書目。梁啓超開列的〈國學入門書要目及其讀法〉也推薦劉文典的《淮南鴻烈集解》，並評價《淮南子》「爲秦、漢間道家言薈萃之書，宜稍精讀。注釋書聞有劉文典《淮南鴻烈集解》頗好。」㊲

《淮南鴻烈集解》受學術界重視和好評，三度重印，成爲研究《淮南子》必讀書之一。楊樹達、劉盼遂、方光、于省吾、吳承仕等人也先後撰文，高度評價《淮南鴻烈集解》，推動學術界研究《淮南子》。北大同事更是刮目相看，奠定了劉文典的學術地位。但《淮南鴻烈集解》也因「胡適的序文公之於世後，引起了一個小小的風波：人們都說胡適主張復古了。不信，你看他已經一反常態，不用白話文作文了。說者振振有辭。據曹聚仁回憶說：一九二二年沈信卿他們，有計劃在進行復古運動，『恰巧，那時有幾個新文人偶爾也用古文來寫作，如胡適《淮南鴻烈集解》序，魯迅《中國小說史略》及序文，都是用古文寫的。他們便借為口實』。由此可見，胡適的做法，雖滿足了朋友的要求，但卻給新文學運動帶來了一小點不利的影響」。[38]

《淮南鴻烈集解》還沒正式出版，胡適就在各種場合大力推薦、讚揚，並利用各種機會宣傳、推廣、獎進劉文典，極大提升劉文典的學術聲譽。一九二二年三月，《北大月刊》改出季刊，並更名為《國學季刊》，選胡適「做主任編輯」，胡適選定十一位編輯，他們是「胡適、沈兼士、錢玄同、周作人、馬幼漁、朱逷先、李守常、單不廣、劉叔雅、鄭奠、王伯祥。」劉文典得胡適提攜，位列其中。二十一日下午開《國學季刊》編輯會。[39]劉文典「承」胡適的大力「獎飾，已經是聲價十倍。」胡適這樣充當劉文典的學術保姆，處處為劉文典爭名爭利，劉文典極為「心感」。[40]

胡適為抬高劉文典的學術聲譽，不僅頌揚劉文典是校勘學權威，也推崇劉文典的翻譯。胡適定位新文化運動就是引入新思潮，再造新文明。翻譯是引入新思潮的重要途徑。新文化運動之初，胡適就建議「國內真懂得西洋文學的學者應該開一會議，公共選定若干種不可不譯的第一流文學名著：約數如一百種長篇小說，五百篇短篇小說，三百種戲劇，五十家散文，為第一部『西洋文學叢書』，期五年譯完，再選第二部」，[41]以西方文學做新文學的旗幟，促進新文學發展。胡適評價劉文典的「譯筆竟是一時沒有敵手」，鼓勵劉文典不僅要專注校勘學，也要致力翻譯西方名著，引入西方哲學新思潮，並「大加獎飾」劉文典的翻譯作品，張揚劉文典的學術聲譽。劉文典受胡適如此激勵，信心暴漲，「立誓此後用全力譯書」。他致信胡適說：

> 拙譯《進化與人生》承你大加獎飾，說弟的譯筆竟是一時沒有敵手，這一層尤其令人可感，高興到了極點。因為弟平日很自負會譯書，翻譯界裏除你之外，弟實在不佩服誰，可是到今天一共聽見過兩個人讚賞我的譯筆。蔣百里先生說我是譯書的天才，我很高興，這回你又來極力的稱讚我，更令我舒服得大熱天跑山路後喝冰汽水似的。弟之所以弄那些妖孽的東西，也並非別的緣故，不過因為身在最高學府裏，講著這類的東西，其勢不能不稍稍弄一點把戲，聊裝門面罷了。這回接你來信，激於這點知己之感，決計把那一套擱起不談，立誓此後用全力譯書，免得「社會受大損失」。（弟自己也常說：「我不譯書是社會的一件不幸。」）[42]

胡適「大加獎飾」劉文典的翻譯，引爆劉文典的自戀心，認為「不譯書是社會的一件不幸」，決意「用全力譯書，免得『社會受大損失』」。胡適為亞東圖書館策劃出版翻譯著作，就把劉文典列為主要作者。劉文典「激於」胡適的「這點知己」，「立誓」追隨胡適，「全力譯書」，引入新思潮。

胡適與亞東圖書館關係密切，「不光把自己的著作交給亞東出版，亞東的許多書稿和作者是由胡適介紹和組織聯繫的。胡適憑藉自己在學術圈中的聲望與地位，使亞東獲得了大量國內知名學者和作家的稿件，保證了亞東出版物的水平。吳虞要出文集，就是胡適推薦由亞東擔任，並且推薦錢玄同爲文集標點分段。胡適介紹到亞東來的作家和學者還有：陸志韋、朱自清、陶孟和、孟壽椿、劉半農、趙誠之、張慰慈、劉文典、李秉之、陸侃如、俞平伯、康白情、徐志摩、孫楷第、顧頡剛等。胡適還幫亞東組稿、審稿」。㊸胡適推薦劉文典翻譯外國哲學名著，但劉文典譯書也不改商人思維，一心想用最少投入收穫最大利益，因而投給亞東圖書館舊譯稿，被汪孟鄒婉言謝絕。劉文典寫信向胡適求救，希望胡適出面說情，接受舊譯稿。他致信胡適說：

> 頃得孟鄒兄來函，所言各節，兄固已為弟言之。拙譯《生物學和哲學境界》一書為日本學術界之寶貝，預計將來銷路，必不過惡。此層請兄函告孟鄒兄詳加解釋。倘嫌其過於專門，弟可以極平易之字句譯之，使人人能解（此層確有把握）。至《進化論》則完全通俗之書，分量亦不過大，與《進化與人生》頁數相差無幾。《進化與人生》因百里先生刪去三章，故頁數大減耳。此一部書三月後可以畢事，以後當事擇小部頭之通俗者譯之，俾孟鄒滿意也。《生物學和哲學境界》倘孟鄒必以為不可，則弟即專譯《進化論》，亦無不可。總之，彼此均是舊友，無事不可商量也。㊹

胡適接到劉文典的信，即致信汪孟鄒，商量劉文典譯稿的編輯。胡適知道劉文典談稿酬難免會「以市儈自待」，㊺所以不願替他談，盡力避免「難堪」，而請汪孟鄒與劉文典直接溝通。一九二六年六月八日，汪孟鄒致函劉文典說：

> 《生物學和哲學境界》，計稿一〇五頁，當即拜讀一過。先生譯筆，久已欽仰，惟此原書，較為專門，須略識生物學、化學門徑者，方易明白，恐銷路上較為狹小，為可惜耳。現已有四萬餘字，不知尚有若干，如稿過長以致定價昂貴，則更不宜，如何？乞賜覆。㊻

汪孟鄒直接告訴劉文典，譯稿《生物學和哲學境界》「較爲專門」，銷路「較爲狹小」，決定不出版。胡適從中協調，推進出版劉文典的《進化論講話》。劉文典的譯序說：「去年老友胡適之回來，特特地寫信規勸我，獎進我，說我不譯書是社會的一大損失。這才又鼓動了我的興致，重理起舊業來。其結果就是《進化與人生》出版七八年之後又有這部《進化論講話》出版。」劉文典特別感激胡適，說：「我這部譯稿能出版，第一應該感謝適之先生的獎

▶汪孟鄒。

進和援助，第二應該感謝汪孟鄒先生，他爲要助成我這點『用生物學知識打破舊惡思想』的志願，犧牲絕大的工本，不是別的書肆專顧營業者可比，這實在很令我欽佩。」㊼

劉文典受家庭影響較重，有濃厚的商人秉性，從營商角度經營學術，因一部《淮南鴻烈集解》名利雙收，發現學術賺錢的竅徑，於是「打點主意」，請求胡適「費」精神幫忙，爲他開闢一條譯書賺錢的財路。劉文典把學術當成謀生工具，譯書不僅爲學術進步，更追求賺「固定」的「生活費」，工作「爲吃飯計」。劉文典的信說：

> 校中欠薪越發多起來了，並且以後更難有希望，為吃飯計，也不能不另外打點主意。現在發憤努力的幹，每天總譯他一千二千字。丘淺次郎和永井潛兩博士（都是生物學家而兼哲學家，後者名更大）的通俗一點的著作，弟打算全部翻譯。不過譯出來之後，出版的事，就不能不費你的精神了。若照尋常的例子，把稿子寄到商務印書館，他還不定要不要，每部書都要費好些的事，方才（本該寫「纔」字，因為圖省事，所以寫個通用的）定局。現在弟為求生活費的固定起見，懇你代弟和出版者交涉，最好訂一個約，弟每月交幾萬字的稿子給他，他給弟若干的報酬。幾元一千字，每月幾萬字都說定了，弟按月把稿子送去，他那裏就付款，沒有稿子就一文不付。至於書呢，由你指定或弟自擇都可以，如果覺得按月付款不妥，則每成一書算字給酬，亦無不可。為避免重譯起見，調查的責任，要請出版者代負，因為他們知道的清楚些。倘能如此，弟願拋卻一切，專心譯書，一來聊以報良友勸勉的盛心，二來也得生活穩固，社會和個人都有益的。這件事弟專誠拜懇，立盼你的答覆。至於價錢，隨你看值幾元一千，弟絕不敢爭多較少的。㊽

劉文典發現「譯書」能名利雙收，

▶劉文典。

「一來聊以報良友勸勉的盛心，二來也得生活穩固，社會和個人都有益」，所以決定「專心譯書」，賣文爲生，並作爲主要的經濟來源，但前提是胡適必須「代弟和出版者交涉，最好訂一個約，弟每月交幾萬字的稿子給他，他給弟若干的報酬」，而且是一手交稿，一手交錢——「把稿子送去，他那裏就付款」。胡適雖覺得劉文典常「以市儈自待」，但也確實「費」了「精神」，介紹亞東圖書館收購譯稿，竭力想成全劉文典，但汪孟鄒不能接受。汪孟鄒致函劉文典解釋說：「我們苦於資本短小，不能多收稿件，每月能否收受先生譯稿至二百元，經濟上尚是疑問，但與先生原是舊交，又加以適之兄之介紹，可以隨時協商也。」但筆鋒突然一轉，婉言謝絕，繼續說：「二百元事，原是甚難，今年生意之壞，爲往年所未有。」㊾

汪孟鄒「以『書賈』待人」，劉文典「以市儈自待」，㊿兩人互相算計，互不相讓，結果是雖有胡適的「說項」，劉文典還是不能如願，賺不到「固定」的「生活費」。

注釋

①劉文典，〈致胡適〉，中國社會科學院近代史研究所中華民國史組編，《胡適來往書信選》，上冊（北京：中華書局，一九七九年），頁二三三—二三四。

②劉平章，〈我的父親劉文典〉，《雲南大學學報》（社會科學版），二〇一一年第五期，頁七六。

③劉文典，〈致胡適〉，《劉文典詩文存稿》（合肥：黃山書社，二〇〇八年），頁一六五。

④劉文典，〈怎樣叫做中西學術之溝通〉，《新中國》，第一卷第六號（一九一九年）。

⑤胡適，〈論國故學：答毛子水〉，《新潮》，第二卷第一號（一九一九年十月三十日）。

⑥胡適，〈新思潮的意義〉，《新青年》，第七卷第一號（一九一九年十二月一日）。

⑦同注二。

⑧劉文典，〈致胡適〉，《胡適檔案》，胡適紀念館藏，典藏號：HS-JDSHSC-0303-008。

⑨胡適，〈一九二一年九月二十四日日記〉，曹伯言整理，《胡適日記全編》，第三卷（合肥：安徽教育出版社，二〇〇一年），頁四七六。

⑩《張元濟日記》，下卷（北京：商務印書館，一九八一年），頁八〇一。

⑪同注三，頁一五七。

⑫胡適，〈一九二二年三月二十六日日記〉，曹伯言整理，《胡適日記全編》，第三卷（合肥：安徽教育出版社，二〇〇一年），頁五九四—五九五。

⑬胡適，〈治學方法〉，《中央日報》，一九五二年十二月七日。

⑭⑮⑯同注三，頁一七〇；一七四；一七五。

⑰高夢旦，〈致胡適〉，《胡適檔案》，胡適紀念館藏，典藏號：HS-JDSHSC-1609-010。

⑱胡適，〈不朽——我的宗教〉，《新青年》，第六卷第二號（一九一九年二月十五日）。

⑲同注十六。

⑳同注十八。

㉑劉文典，〈回憶章太炎先生〉，《文匯報》，一九五七年四月十三日。

㉒胡適，〈中國哲學裏的科學精神與方法〉，《胡適全集》，第八卷（合肥：安徽教育出版社，二〇〇一年），頁五一三。

㉓同注十五。

㉔同注二。

㉕㉖同注三，頁一六九；一七六。

㉗胡適，〈治學方法〉，《中央日報》，一九五二年十二月六日。

㉘同注三，頁二〇〇。

㉙同注九，頁四七八。

㉚同注十一。

㉛胡適，〈答黃覺僧君〈折衷的文學革新論〉〉，《新青年》，第五卷第三號（一九一八年九月十五日）。

㉜同注二五。

㉝胡頌平，《胡適之先生年譜長編初稿》，二（臺北：聯經出版事業公司，一九八四年），頁五二六。

㉞胡適，〈《淮南鴻烈集解》序〉，歐陽哲生編，《胡適文集》，第三卷（北京：北京大學出版社，一九九八年），頁一四三—一四五。

㉟梁啓超，《中國近三百年學術史》（北京：團結出版社，二〇〇五年），頁二七一。

㊱胡適，〈一個最低限度的國學書目〉，歐陽哲生編，《胡適文集》，第三卷（北京：北京大學出版社，一九九八年），頁九九。

㊲梁啓超，〈國學入門書要目及其讀法〉，轉引自歐陽哲生編，《胡適文集》，第三卷（北京：北京大學出版社，一九九八年），頁九九。

㊳白吉庵，〈胡適與劉文典〉，《縱橫》，二〇〇九年第十二期，頁五二。

㊴胡適，〈一九二二年三月二十一日日記〉，曹伯言整理，《胡適日記全編》，第三卷（合肥：安徽教育出版社，二〇〇一年），頁五八九。

㊵同注三，頁一六二。

㊶胡適，〈建設的文學革命論〉，《新青

年》，第四卷第四號（一九一八年四月十五日）。

㊷同注二八。

㊸謝慧，〈胡適與上海亞東圖書館〉，《北京大學研究生學志》，二〇〇五年第四期，頁六五—六六。

㊹同注三，頁一八六。

㊺胡適，〈致劉文典（稿）〉，中國社會科學院近代史研究所中華民國史組編，《胡適來往書信選》，上冊（北京：中華書局，一九七九年），頁二二六。

㊻汪孟鄒，〈致劉文典函〉，耿雲志主編，《胡適遺稿及秘藏書信》，第二十七冊（合肥：黃山書社，一九九五年），頁四五五。

㊼劉文典，〈《進化論講話》譯序〉，《劉文典詩文存稿》（合肥：黃山書社，二〇〇八年），頁二一〇—二一一。

㊽同注三，頁二〇〇—二〇一。

㊾同注四六。

㊿同注四五。

學界學人

經師易遇　人師難逢
——記清末民初著名「耘心」教育家劉鳳章

劉松余

劉鳳章先生（一八六五—一九三五年），是清末民初著名教育家，終身以講學和辦教育爲職志。清季，在武昌多所學堂執教，任湖北學務公所副科長、科長，推轂薦士，鼎新革故。民初，任黎元洪副總統顧問；學校開辦後，膺受數處授課，先後任武昌中華大學學長、湖北省立第一師範校長、湖北省立國學館教授，主辦武昌養正高等小學等，「三育並進」，重在「耘心」。他曾率團赴國內外考察教育，借鑑中外辦學好經驗、新舉措，發揚中國傳統文化精神，言傳身教，篤學篤行，爲民族培育幼苗，爲國家創造新機。他研講國學，編著教材，宣揚宋明儒學說，倡導知行合一，求眞務實，竭誠精進。①他的「學生中多異才」，力學勤勉，奮志求知，諸如徐行可、惲代英、余家菊、陳啓天，以及蔡以忱、吳德峰、包惠僧、王樹聲、徐復觀、周謙沖等，敬業精銳，卓有建樹。

▶劉鳳章。圖片來源：〈教職員合影〉，《武昌中華大學一九三四年三十四屆畢業同學錄》。

一

劉鳳章，字文卿，一字耘心，晚號岱樵，譜名華銈，原籍湖北省黃陂縣灄口劉新集鄉（今屬武漢盤龍城經濟開發區），「生清同治乙丑年二月十五日未時。清庠生，鄉試膺」。②

黃陂盤龍城劉氏家譜記載，始祖劉拱宸曾授經學。據清雍正《湖廣通志・名宦志》：「劉拱宸，字守中，吉水人。洪武二年，以賢才薦知黃陂縣。性廉潔。」「時文廟傾頹，與廣文周賢合力捐建補葺。二程讀書處，訪得裔孫名祖川者，令其守護。暇即訓課士子，一時人才蔚起。在任七年，士民紀其善政十二條於石，以誌不忘。」清同治《黃陂縣志》卷二「表賢哲者凡九坊」，其中，「程鄉坊」是宋儒程明道和程伊川誕生處，設於劉拱宸掌陂任內，「係明洪武三年立」，「以瞻望前賢，昭示後世」；又，卷三《學校志》還記載，縣學宮的先後修繕，「尚有知縣劉拱宸」等。

劉拱宸秩滿退休，駐籍黃陂南鄉漢口北郊，嗣後子孫蕃衍，世居豐荷山麓、盤龍湖畔，「忠厚傳家，詩禮教子」，勤讀力耕，族學淵藪。十三世劉龍光，乾隆九年中舉，次年及第進士，族裔之後連登榜名，文經武緯，相得益彰。黃陂敦睦堂《劉氏宗譜》載明，劉鳳章爲劉拱宸第十八世孫，年少多受族叔祖馥廷（道光舉人）、采臣（同治歲貢，禮部銓選訓導）等公教誨與鼓勵。他耳濡目染好學之風，求知若渴，勵志

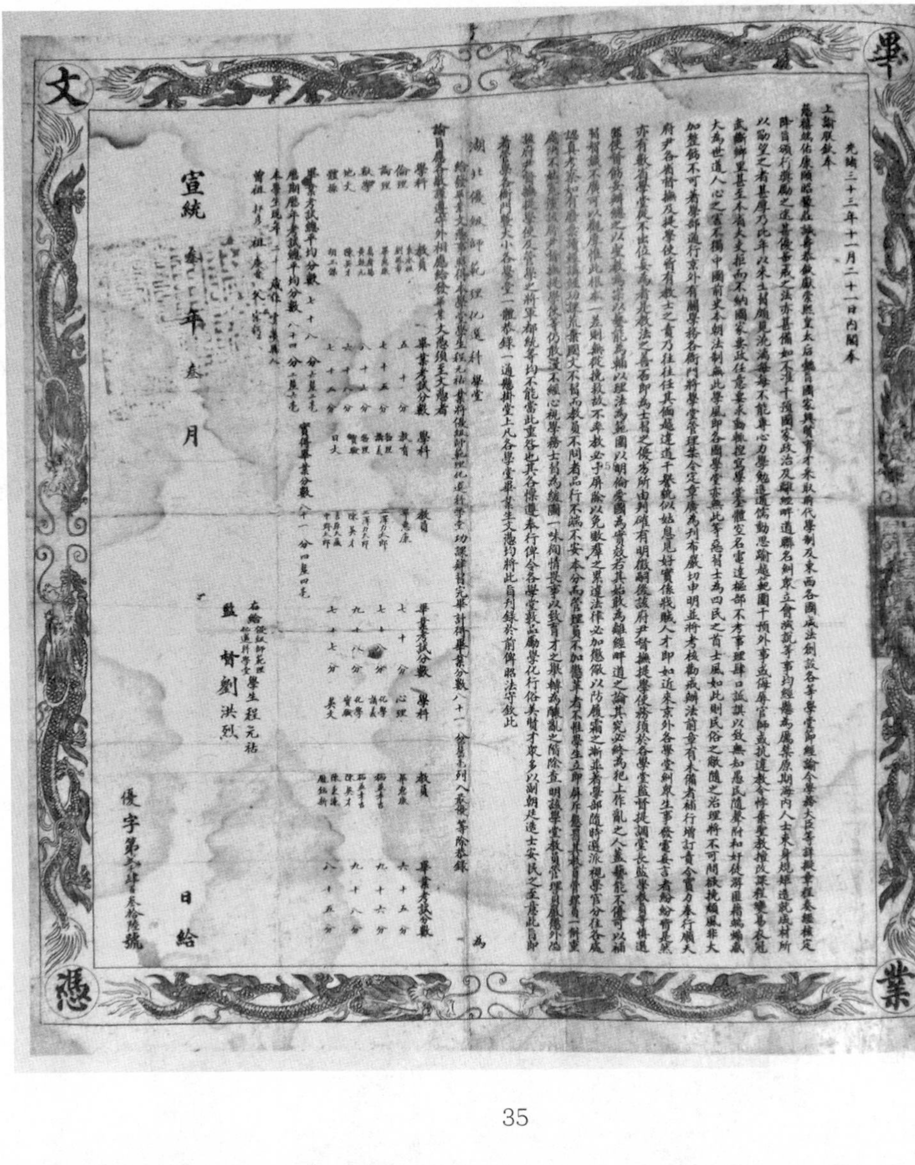
畢 業 文 憑
光緒三十三年十一月二十一日內閣奉
上諭恭錄
湖北優級師範理化選科學堂
右給 學生 程元祜
監督 劉洪烈
宣統 叁年 叁月 日給

▶劉鳳章任教「倫理」學科的兩湖優級師範學堂之清宣統三年畢業文憑。

讀書。至今，劉鳳章的逸聞軼事，仍爲故里鄉親津津樂道。

劉鳳章於兄弟中排行居長，其父熟於宋儒之學，因時亂輟讀，寄望長子綦切。六歲即命入學，二十一歲「以府縣前茅入泮」，後鄉試「房薦四次，堂備兩次。」至三十七歲，值「朝議變制」與「國事日艱」，應試策論與經濟特科，悖於主司政見下第，「遂無意科舉矣」。其間，他與徐惠卿思想默契，情深義重；徐惠卿家設教館，爲幼年徐行可延師，劉鳳章的執教生涯由此發端。徐行可後留學日本，成著名收藏家、文獻學家，曾執教武昌、北京的大學，捐宏富私藏於國家，他們的師生情誼堪以稱頌。③

清朝末年，面對西方列強壓迫，民族危機空前嚴重，張之洞在教育界提倡敬教勸學，作育人才，主張「中學爲體，西學爲用」，積極推行湖北教育改革，爲全國教育近代化探索與實踐作出示範，以圖富國強兵。劉鳳章一九○三年贊襄創辦《湖北學報》，宣傳張之洞的改革舉措，並得識黃鮮庵諸先生。黃鮮庵、高淩霨任提學使時，他相繼任湖北學務公所專門科副科長、普通科科長兼總務科副科長，管理海外留學事務、編辦《湖北教育官報》等，踐行廢科舉、辦學校的教育新政策。

劉鳳章認爲：「井舊則污濁，故以革新爲貴也。」④湖北晚清設憲政籌備處，他與清政府代理人周旋，薦舉留學歸國的湯濟武（化龍）、張海若主事；後二人被推爲正副會長掌理湖北諮議局，武昌辛亥起義時，諮議局通電全國，敦促各省響應革命。當時，他先後受聘兩湖優級師範理化學堂、武昌府師範、支郡師範、武昌普通中學堂及私立法政學堂等處，編撰講義，授修身、歷史和倫理等教科。

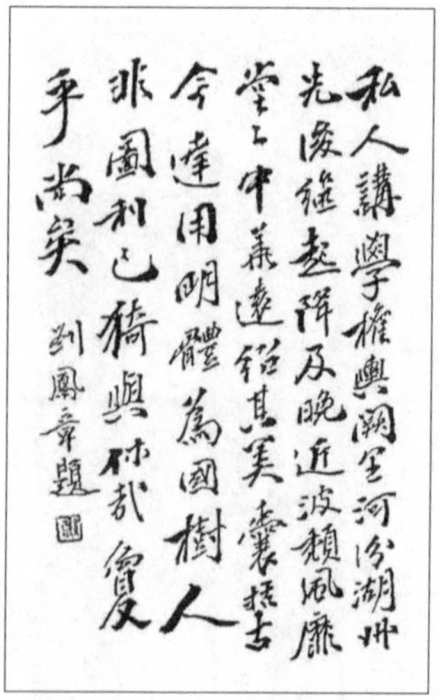

▶劉鳳章為武昌中華大學成立二十週年紀念題字。

二

民國之初，副總統黎元洪兼領鄂督，聘劉鳳章爲顧問。黃陂陳宣愷與其子陳時傾財興學，「乃奉命與劉耘心公謀於鄂，編章選校」，得同鄉黎元洪等人贊助，「卜校地於武昌」，一九一二年五月創辦私立中華大學。⑤武昌是辛亥首義之地，中華係新建民國之名。當時大學很少，而私立大學更少。武昌中華大學開時代新風，對那時的青年極具吸引力。劉鳳章與陳家是黃陂故交，婉謝擔任校長之聘，後難卻懇意就任中華大學學長與常任董事，並在校持續授課二十餘年，⑥同時兼湖北省公立法政專門學校等處教習。

近代著名教育社會學家陳啓天，一九一二年考入武昌中華大學，一九一五年畢業時留校中學部任教。他著《寄園回憶錄》中說：「學長劉文卿先生的精神，最使我感念難忘。」「他所教的正式功課，只有倫理學一門，每周兩三小時。他利用這門功課，指點實踐倫理的道理與方法，尤其著重發揮王陽明之學。因此我得稍稍瞭解陽明之學的要旨，是要人先拔本塞源，去掉私欲，做一個以天地萬物爲一體的大人物，而其下手方法，則在致良知與知行合一。這種學說，不但足以矯正當時科舉與官場的積弊，而且可以鼓舞學者的志趣，將學問從自己的心上和事上實踐出來。」「劉先生的人格教育精神，爲現在許多教育家所不能及。」⑦

▶劉鳳章任武昌中華大學學長頒發的畢業證書。

近代著名教育家余家菊，一九一八年在武昌中華大學畢業，與惲代英留校中學部同事，他在〈五十回憶錄〉中寫道：「劉文卿先生在清末民初，湖北教育界講學，有極大影響。」⑧他在〈疑是錄〉中還寫道：「在中華肄業游美預科，教英文者爲前任文華學生軍總理鄒允中先生，施教有方。」「唯美國金先生授哲學、社會學、美學等，讀西文能力大增。鄒先生之基本英文，劉先生之作人啓示，金先生之西學領導，是爲三不可忘者。」⑨

三

湖北省立第一師範學校，一九一三年以兩湖總師範學堂改辦開學，一九二六年北伐軍攻克武昌後撤銷。十餘年間，校長更迭十人達十二次。劉鳳章擔任校長時間最久（一九一四年至一九二一年），他招賢納士，整理校務，敦尚和睦，制定「樸誠勇敢，勤苦耐勞」校訓，創一師鼎盛時期。一九一九年，他率湖北教育考察團，赴日本、上海、江浙考察學務，詳撰考察報告《東遊紀略》，以資改進國內教育參考。

一師的日常教學推陳出新，劉先生盡力爲學生延請好的老師，盡力提倡讀書的風氣，強調實驗實踐，重視體操、軍操和拳術，砥礪學生實際操作能力；還聘美國友人教英文班會話爲留學者創造條件，邀請退役軍官到校實施軍事訓練等。

一師的週日文會是名師講座，開展學術交流，活躍學術氛圍，劉先生「每星期，必召集學生至禮堂，講羣經大義及世界大勢，使不忘國粹及瞭然世界趨勢。八年如一日。」黃侃（季剛）、劉博平、于澤漢、蔡存芳、萬聲揚、魯濟恒（潤九）、彭邦楨、傅廷儀、何膺恒，以及章太炎、梁啓超、黃炎培、陶行知、晏陽初、黎錦熙、黎錦暉、孟祿、李立夫、李漢俊等，是他治校聘請的任課教員或講座專家。劉先生尊崇儒學，週日文會主講《伊川易傳》，對西方文化和新學派並不一概排斥，兼容並包，明體達用。衆多造詣深厚的學者專家設壇講授，引領學生與時俱進，探求新知。

現代新儒學大師徐復觀，一九一八年考入湖北省立一師，在校就讀五年。他一九八一年撰文說：「宋明儒講學的精神，或者可以三端來加以概括：第一、他們講學的動機是來自繼往開來的文化責任感。第二、他們所追求的是要能證驗之於身心，證驗之於社會的『眞知灼見』。第三、他們要培養出的是在人格上能擔負得起人類運命的考驗。劉先生所處時代不同，但用心未嘗不是一致的。」⑩

湖北省立一師聯繫內憂外患時勢，寓愛家愛國、救亡圖存於教學，爲激勵民衆，多方啓迪，召喚復興，以雪國恥。考試命題如：「講究鄉土歷史，最足增人愛國心，諸生於本邑先正遺迹，諒有所聞，試縷舉而著於篇。」學生余六鰲一九一八年暑假編纂的《通山縣鄉土志略》，北京大學圖書館收藏至今。余六鰲撰志略序道：「物競日烈，列強日橫，國家危急存亡，志士傷心抱憤，新知固宜速研，舊識尤應精探。」「邇者校長劉先生目擊時艱，定鄉土志爲諸生暑假練習之目。蓋國家圖維新之治，首重人才；人才之興，肇端蒙養。蒙以養正，賴夫教育多方。師範洵教育之母，而鄉土志爲教育之要務，師範生之所當悉者也。」⑪

劉先生當時推重山西和南通的教育，喜歡太原「洗心社」，誡以「知而不行，有如未知」。一師學生爲讀書修身，一九一八年創建「證人社」。「證人社」有組織章程，有盾形的銅質證章，上面刻製「嚴禁嫖、賭、煙、酒」。他極爲讚賞，明白這是讀書團體，崇尚立德，極力支持，多予指導。劉先生感時傷世，痛心疾首，認爲「蓋吾國教育二千年以來，皆以造成官吏爲目的，此項深毒中入骨髓，如沈痼之不能起。」「今欲立起沈痾，非大聲疾呼以教育促進實業，以實業輔助教育不可至」，而「欲提倡職業教育，必自師範學校始」。⑫並甚感「儒者必先治生」之要，提倡學以致用將工業由個人做起，鼓勵同學們由課堂手工業擴充到帶有市場性的手工業，常說：「人一能之，己百之；人十能之，己千之。」

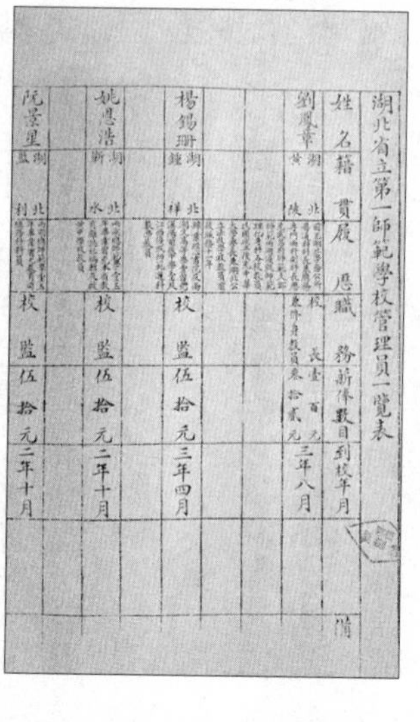
湖北省立第一師範學校管理員一覽表

姓名	籍貫	履歷	職務	薪俸數目	到校年月	備
劉鳳章	湖北黃陂	[illegible]	校長兼修身教員	壹百叁拾貳元	三年八月	
楊錫珊	湖北鍾祥	[illegible]	校監	伍拾元	三年四月	
姚恩浩	湖北蘄水	[illegible]	校監	伍拾元	二年十月	
阮景星	湖北監利	[illegible]	校監	伍拾元	二年十月	

▲〈湖北省立第一師範學校管理員一覽表〉（一九一六年十月十三日）。圖片來源：《省立第一師範總案》，湖北省檔案館藏，檔號：LS10－8－106－4。

劉鳳章樂育爲懷，實施「德智體」兼備之教育方針，宣講王陽明之學，躬行踐履，率先垂範，督導勉勵，薰陶漸漬，學生多趨敦品力學，勵志上進。當時，一師學風甚濃，思想活躍，校內社團很有生氣，文體活動內容豐富。文學社、工藝組、運動會、足球隊等，頗有影響。

近代教育家黃金鰲，曾任北師大訓導，後接長臺中師範（今臺中教育大學），多次敦請徐復觀講學。徐復觀一九五二年首場演講以〈我的師範學校生活〉爲題，回憶了在湖北省立一師的經歷，強調：「師範學校校長的學養，可以決定師範教育的成功與失敗。」⑬他曾說：「中國文化精神的指向主要是在成就道德而不在成就知識。」⑭湖北一師的現象非偶然所致，與劉先生誨人不倦，教學先教本、教人先教心才是造就人才的精英教育理念，實乃有著直接的關係。經過時間的沖刷，實用的利害被淡化，派別的成見被冷卻，人們逐漸理解他的言行、領悟他的內心，深感「經師易遇，人師難逢」。

四

清末民初，「西力東漸，具有掀天揭地、排山倒海之勢」。當「醉心歐化」思潮鼓蕩之際，劉鳳章一如既往，力學敦行，直言「中國一切改良，一切進化，皆須從中國自有之文明之精神而出，不能徒襲西方形式」，指出「國學乃國魂」，「國學者，一國精神之所寄」，闡明「滅人國者，必滅其宗教，滅其歷史，滅其語言、文字、風俗」，「故國學存則其國存，國學亡則其國亡」，進而疾呼「保存國學」。他撰述：「孔子眞精神全在《易・繫》，有曰『變動不居』，又曰『變通者趣時者也』，又曰『變而通之以盡利』，斷無不能與時世相應之理。陽明善學孔子，亦在不立格式，惟取知行之合一。今因講孔學者多不能實踐，名爲尊孔，實則誣孔，是在採王學以補救之。」他強調：「拘守故常不足以語大道矣。況社會日赴繁難，進步頗速，徒泥往昔之識見，不適於今日之社會，淺識皆知」，「當隨時變易，以期與道合」。

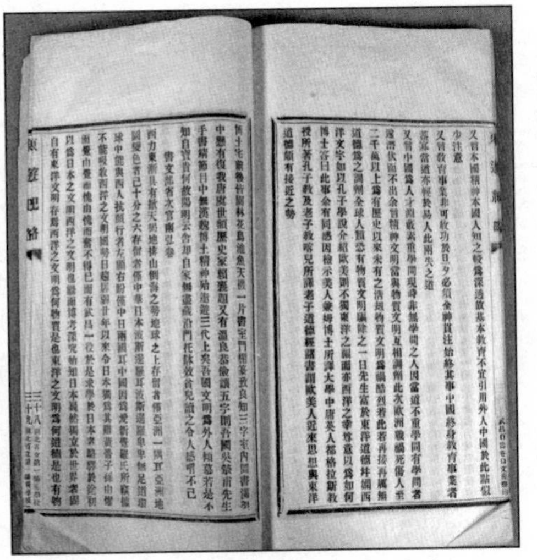
▲劉鳳章一九一九年編撰的《東遊紀略》原版書影（湖北省博物館收藏）。

他一戰後第二年率團赴日考察教育，與東京學者探討國內外形勢和戰後世界趨勢，聯繫文化方針與人類文明，論及德育和教育精神之重要，指出「精神文明當與物質文明互相調劑」，「有物質而無道德，則所謂文明者乃殺人之文明。殺人者，終必自殺。」⑮這些觀點見地超卓，剛正淵粹，時至今日仍具極強的現實意義。

劉先生以儒行碩學盛負時譽，「不僅在本校裡得到一致的擁戴，同時也是武漢文化教育界中的重鎮。」⑯黎元洪欽其人格與學行，曾派赴曲阜，代表祭孔；禮聘他爲顧問時懇辭不就，但常進言，貢獻福國利民的良策。總統府照例

▲劉鳳章編述的《倫理學》首頁。

每月寄送薪俸三百元，亦堅辭不收。歷年所積達數千元，均存漢口黃陂實業銀行。後經友人婉勸，復承黎元洪樂捐校舍，爲師範學生實習創造條件，利用該款在武昌南樓創辦小學，採《周易》蒙卦「蒙以養正」之義，命名爲「養正小學」。

徐復觀憶及劉先生道：「他個人生活，刻苦嚴肅，外出時路程再遠，從不坐人力車。冬天不穿皮襖，煙酒不沾，甚而連茶都很少飲。在他的衣、食、住、行任何一方面，都找不出絲毫浮華之習。」「我們那位陳腐的劉校長，確是一位了不起的人物。他是以宋明儒者的講學精神，辦理學校。他先要我們切切實實、堂堂皇皇地做一個人，因爲知識是要人格去擔當的。現在想起來他的用心，他的思想很有見地，並不陳腐。」⑰

劉鳳章對人周到懇篤，凡請來賓到校講演，無論時間多長，他總是畢恭畢敬地站在一旁聆聽，直到演講完畢，體現了他對人對學識的高度尊重和個人深厚的文化修養。他「自揣學無一長，而責任綦重」，尊師愛生，恪盡職守。因爲有的學生太用功，自習下得太遲，早上起得太早，以致健康發生問題，不僅一師校監常巡視，劉先生也常巡視，巡視目的不僅在警告不用功的學生，同時也勸告太用功的學生。劉先生對貧苦學生尤爲關心，據徐復觀憶述：「在我最窮困的時候，他把我找去說：『你的一支筆，將來要負天下大名，還怕沒飯吃，你堅忍地讀下去。』這話當時對於我確是莫大的鼓舞！現在他雖已不在人世，而他的精神，他的風範，卻永留人心。」⑱

劉先生講學時苦口婆心，「開卷有益，勤能補拙」常不離口，「專精之至，神奇自生」書示學子，總是勉勵同學們用功讀書，奠定堅實基礎，親授「修身」課教以爲人處世的原則，上課常把書上的道理和當時的情形對照講解，往往痛砭時弊。他嫉惡如仇，最深惡痛絕升官發財的世俗觀念，多予嚴詞抨擊，怒斥道：「『升官發財』是中國幾千年帝制官僚傳統不斷的壞風俗惡習慣。」

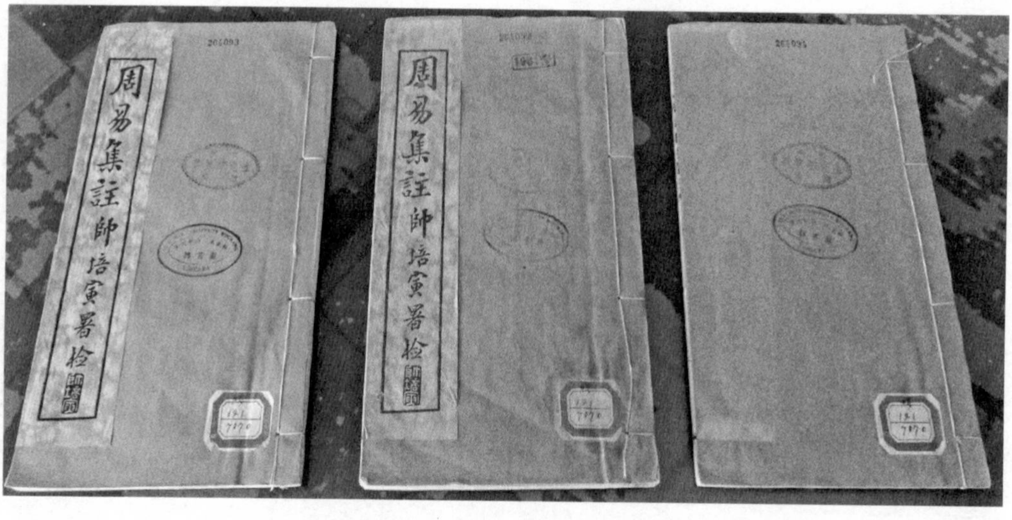

▶武漢華中師範大學藏劉鳳章撰原版《周易集註》。

一九二六年，湖北國學館的創辦出資人去世，國民革命軍北伐占領武昌後，國民政府由廣州遷都武漢。北伐軍中有的人視國學爲消極力量。一九二七年，「著名學閥」遭到通緝，許多學者被打擊或處死。是時，劉鳳章年逾花甲，處境嚴峻，生活淒苦。當時在北師大授課的黃侃，一九二七年七月十四日撰〈與劉靜晦書〉，信中寫道：「耘心先生近日興居何以？居鄉抑居城耶？侃於吾鄉諸老輩，極不忘先生耳。四海皆秋，悲哉蕭瑟，慎護玉體，共勵歲寒。幸甚，幸甚！」[19]劉鳳章後來回顧敘及當年：「以後，遂蟄居僻壤，絕口不敢言天下事。庚午（一九三〇）年秋，徐生行可薦予館四川蘇君汰餘家，姚玉堂、黃師讓子女附焉。越三年，毫無成效。乃在塾既虛糜錢穀，去塾復餽以多金。主人情厚，殊爲可感。」

劉鳳章生活在清末民初，恰逢中國千百年未遇之大變革時期。在這樣的歷史背景下，他受科舉誘迫而苦讀經史，行教學改革育英才救國，其兼備的「開放進取」與「保守執著」雙重性格，儒道二者結合之處人處世人生觀，在他的學術和教育實踐中表現出來。他自律嚴格，不苟言笑，謙恭有禮，厭惡爭鬥。五四時期，新學思潮湧來，「新的風氣，吹到了武漢，新人物要破舊立新」，一師校長頻繁更迭。一九二一年夏季，「劉先生潔身自好，一遇著學潮，立刻辭職而去」。[20]雖淡出學校掌理，仍受聘湖北國學館、中華大學等多處，潛心貫注，憂國憂時，繼續授課講學。後屢有聘請出任官職之事，均婉拒未就。劉先生宅心仁厚，生活清嚴，爲人正直，甘於淡泊，其愛國耿介，任俠果決，學邃行端，恂恂儒者。他積勞成疾，晚年返回故里，受族眾擁戴，抱病續修宗譜，一九三五年病逝。

劉鳳章先生是中國近現代教育的一位先行探索者，一位儒學潛深、勤勉敬業的知識分子，也是一位充滿良知、堅持正義、有骨氣、有遠見的愛國學者。他不僅辦學施教有方，而且治學嚴謹有成。我們追尋搜集劉先生遺著，獲有四部完整舊籍：一九一五年前後湖北省立第一師範學校刊印的《修身》、《倫理學》教學講義，一九一九年赴日考察報告《東遊紀略》，以及一九三四年版《周易集註》。還有散佚於民初書報、期刊、族譜和歷史檔案中的部分雜著。

劉先生著作倡言之三論，曰：「精神文明當與物質文明互相調劑」論、「升官發財」乃帝制中國傳留之壞風俗惡習慣論、孔子眞精神全在《周易．繫辭》論，此確乎警世不朽之論！他還通過對中西文化比較和國際社會歷史的闡述，深刻分析民族文化事關民族命運，明確提出要保存中國傳統文化，揚棄繼承，隨時變易創新，以期符合時代需要。他編著的授課教材和教育考察報告，具備較強實踐性，且顯示出史料的特徵，從一個方面客觀呈現了民初國學教育的狀況與湖北教育涉外學習先進的實際；集中反映了他篤信宋明理學，尊孔講經，提倡陽明學說，和爲人師表、「耘心」育才的執教理念，以及追求教育救國、致力復興中華的精神，具有時代的進步性，也存在歷史的局限性，但他畢生獻身教育、精心育才的作爲，足堪後世欽佩與師法。

注釋

①劉松余，〈劉鳳章先生清末民初教育活動簡述〉，《傳記文學》，第一〇二卷第二期（二〇一三年二月）。

②據民國甲戌（一九三四）年湖北黃陂敦睦堂續印《劉氏宗譜》卷九世系表。

③劉松余，〈劉鳳章與徐行可之間的師生情誼〉，《傳記文學》，第一〇九卷第三期（二〇一六年九月）。

④劉鳳章，《周易集註》，卷二，革卦卦辭首條疏釋。

⑤陳時，〈武昌中華大學成立始末記〉，《光華學報》，第一年第二期（一九一六年一月七日），附錄。

⑥據中國國家圖書館藏一九二四年版《武昌中華大學總覽》載，劉鳳章爲常任董事、前任學長、現任大學國學系教員；另據該館藏一九三五年版《武昌中華大學二十周年紀念特刊》載〈現任職教員題名錄〉，以及一九三五年版《武昌中華大學三十六屆畢業同學錄》載〈各院院長教務長及教職員〉和〈在校教職員名籍錄〉，劉鳳章任中國文學系教授。

⑦陳啓天，《寄園回憶錄》，增訂一版（臺北：臺灣商務印書館，一九七二年十月）。

⑧劉敦勤，〈敬述先伯劉公文卿數事〉，《傳記文學》，第三十卷第四期（一九七七年四月）。

⑨余家菊，《余家菊（景陶）先生回憶錄》（臺北：慧炬出版社，一九九四年元月）。

⑩徐復觀，〈憶念劉鳳章先生〉，《傳記文學》，第三十九卷第四期（一九八一年十月）。

⑪北京大學圖書館編，《北京大學圖書館藏稀見方志叢刊》，第二六六冊，《通山縣鄉土志略》（北京：國家圖書館出版社，二〇一三年八月）。

⑫中國第二歷史檔案館編，〈各省師範學校爲師範教學之改建意見〉，《北洋政府檔案卷九十三．教育部（第五冊）》（北京：中國檔案出版社，二〇一〇年十二月）。

⑬黃金鰲，〈師範出身的徐復觀先生〉，載余紀忠等著《追懷》，見《徐復觀全集》（北京：九州出版社，二〇一四年三月）。

⑭徐復觀，〈中國知識分子的歷史性格及其歷史的命運〉，載《徐復觀全集．論智識分子》（北京：九州出版社，二〇一四年四月）。

⑮劉鳳章，《東遊紀略》，載〈談話〉與〈書文部省次官南弘卷〉；〈修身講義〉載第一章第四節；〈倫理學〉載第一章第五節、第七節與第五章第六節，以及第二章第二節與第二十節〈保存國學〉。

⑯徐復觀，〈五四運動的一個角落〉，《中國知識分子精神》（上海：華東師範大學出版社，二〇〇四年二月）。

⑰⑱同注十三。

⑲黃季剛，《黃季剛詩文鈔》（湖北人民出版社，一九八五年九月），頁七九。

⑳同注十六。

▶一九三四年劉鳳章（前排右四）主持續修黃陂敦睦堂《劉氏宗譜》留影。

圖片來源：湖北黃陂敦睦堂民國甲戌年續印《劉氏宗譜》，卷一。

學界學人

我眼中的余光中先生

寒山碧

余光中先生享高壽而終，網路和報刊議論蜂起，我雖非余先生之門生故舊，也有幾句話想說。我泅水抵港之後，就得聞余先生之大名。余先生以詩名，但對余先生之詩，坊間評價不一，褒者如黃維樑兄等，幾乎要棒之爲詩聖；貶者如藍海文，貶損得只值一錢，並爲之動手術（改余詩）。我讀余先生之詩不多，也不想對余詩作深入的評價，我浮表的感覺是，間有佳作，也有些詩爲我所不喜。我年輕時寫新詩，我的詩與余先生的詩風格迥異，我盡量避免評別人的詩，不想因詩風與己不同就貶之損之，也不想與己相同而吹之捧之，但我寫的第一篇文藝評論卻是評詩歌的，此乃因余光中先生而起。

我與余光中先生的兩次商榷

一九七一年，台灣巨人出版社推出一套大型的《中國現代文學大系》，一九七二年在港發行，我初讀余光中先生寫的〈序〉，心中大感不快。我不服余先生在〈序〉中對幾十年中國新詩的損毀與否定，便發起傻勁，花耗多月時間到香港大學馮平山圖書館找資料，寫成一萬多字的〈略論中國新詩的成就和發展——與余光中先生商榷〉。其時，余光中先生是著名的現代派大詩人，又是香港中文大學中文系的名教授，而我只是一個來港不久的文藝青年。我賴賣文維生，卻沒有固定的專欄，靠四處投稿，生活朝不保夕，家裡妻哭兒啼。我只要稍多爲家計著想，就不會做這樣的傻事。因爲我的「商榷」，不僅會得罪余光中先生，還會得罪余先生的學生和故舊，甚至會嚇怕一些編輯。可惜我那時既不諳世故，性情又衝動，傻勁發作，便不顧一切。幸而《文壇》的盧森先生肯撥出篇幅，一九七二年末刊出我這篇長文。

文章發表後沒有任何迴響，余光中先生當然不會理睬我，其他「大家」也許不屑一顧。我看到的唯一勉強算是迴響的。是二十六年後（一九九八年）鄭煒明（葦鳴）君在香港大學亞洲研究中心和台灣佛光大學協辦的「香港新詩國際研討會」上提到幾句，他在〈日漸湮沒的風景線——六〇年代香港新詩〉中說：「……詩集末有一篇附錄文章〈略論中國新詩的成就和發展——與余光中先生商榷〉，今天看來，文章中大部份意見，仍然值得我們進一步思索，例如他提出『新詩是縱的繼承』這個觀點，與橫的移植唱反調，仍算是一家之言，不應抹殺。」①我這次的「商榷」，算不算是與余光中先生有了「過節」呢？我自己也不知道。

▶戴望舒。

我第二篇比較嚴肅的文藝論文，坦率說也是由余光中先生催生。我在我唯一一本文藝論文集《我的文學思考》的後記〈為而弗志也〉中說：

〈試論戴舒和他的詩〉卻下了更多功夫，花耗相當多時間到港大馮平山圖書館找資料，企圖對戴望舒和他的詩作比較全面和深入的評價。〈戴〉文的產生，肇因又是余光中先生，一九七五年時在香港中文大學任教的余光中先生，在《明報月刊》上改戴望舒的〈雨巷〉，認為「〈雨巷〉音浮意淺，只能算為一首二三流的小品」，認為〈雨巷〉「這樣的詩令人想起『前拉非爾』的浮光掠影。兩段十二行中，唯一真具象的東西，是那把『油紙傘』，其餘只是一大堆形容詞，一大堆軟弱而低沉的形容詞」。我看後心裡不服，為戴望舒抱屈，傻勁又發作，便花耗心血寫這篇〈試論戴舒和他的詩〉，也感謝當時的《大任》雜誌肯分兩期發表我這篇長文。

其時，《文壇》已經停刊，我估計我這篇論文無論投給《明報月刊》或《當代文藝》都不可能有發表的機會。《大任》雜誌剛創刊不久，主編孫寶剛，我與他雖未曾謀面，但我相信他在黃震遐先生或《萬人雜誌》處應該知道我，所以便擅自投寄。不料，我這篇兩萬多字的長稿很快就刊出。可惜的是，《大任》雜誌壽命不長，大約一年半載後便停刊，我相信圖書館中保存著的《大任》雜誌應該不多。坦白說，「我並非有意跟余光中先生過不去，余先生的詩雖然有一些我不太欣賞，但也有很多我是欣賞的，我一再與余先生抬槓，非為創作，而僅局限於對余先生論文觀點有不同意見。『詩無達詁』，欣賞別人的詩已不容易，更不要說去改人家的詩了，當年余光中先生改戴望舒的詩，我表示反對，二十年後有人（藍海文）改余光中先生的詩，我也同樣堅決反對。」②

二十世紀七〇年代，余光中先生早已名成利就，香港中文大學的薪俸冠絕亞洲，經濟條件優渥，我覺得他頗有點睥睨詩國，目無餘子。他如果不是心高氣傲，尙存一點謙卑，相信就不會寫出《中國現代文學大系》裡那樣的〈序〉，也不會擅自刪改前輩詩人戴望舒的名作〈雨巷〉。

「鄉土文學論戰」中，余光中自毀形象

我更進一步認識余光中先生，是在又兩年後的台灣「鄉土文學論戰」中。上世紀七〇年代後期，台灣爆發了一場「鄉土文學」論戰，這場論戰不僅令我對余光中先生有進一步的認識，也令我對胡秋原、鄭學稼先生有進一步的認識。「鄉土」是文學中的地域性，文學必須根植於土壤，魯迅《阿Q正傳》、〈孔乙己〉、〈祥林嫂〉的鄉土是浙江紹興；老舍《駱駝祥子》的鄉土是北平；張愛玲〈金鎖記〉、《半生緣》的鄉土在上海。七〇年代台灣一批青壯年作家陳映眞、尉天驄、王拓、王禎和等植根於台灣鄉土，提倡「鄉土文學」。這本來是不值得大驚小怪的事，可是一九七七年夏秋之交，手執台灣輿論界大權的彭歌卻發動一場「鄉土文學」論戰，旨在圍剿肅清左翼文學在台灣的影響。

彭歌是國民黨中央機關報《中央日報》總主筆，他首先在台灣第一大報《聯合報》上發表一篇〈不談人性，何有文學？〉，點名指責王拓、陳映眞和尉天驄三位「鄉土文學」作家，把描寫台灣下層人民生活的「鄉土文學」，說成是鼓吹階級鬥爭，氣勢洶洶，頗有姚文元的架勢。軍中作家王藍、司馬中原等相繼響應，加入討伐「鄉土文學」的行列，而最爲凶猛的是余光中先生。他在〈狼來了〉一文中引用《毛語錄》，以此來證明台灣的「鄉土文學」就是大陸的「工農兵文學」，要把「鄉土文學」處之死地。余光中咬定「鄉土文學」的觀點與毛澤東延安文藝座談會有暗合之處，一頂紅帽子扣下來，「鄉土文學」諸君再也不敢回嘴。須知在戒嚴時期，扣紅帽子是會人頭落地的。形勢相當危急，警總磨刀霍霍，準備抓人。

▶胡秋原。

陳映眞這樣記述：「由於問題一開始就以異乎尋常的、明顯的政治辭語提起，加上攻擊者同伴們的吶喊和威嚇，整個文壇一時落在悲忿、焦慮和恐怖的噤默中。一直到九月，《中華雜誌》登出胡秋原先生〈談『鄉土』與『人性』之類〉，對於前揭的〈不〉文（筆者按，指彭歌〈不談人性，何有文學？〉），提出了有力的批評；十月，《中華雜誌》又刊出徐復觀先生〈評台北有關「鄉土文學」之爭〉」這才扭轉形勢。彭歌等不敢向胡、徐兩位老前輩扣紅帽子，因爲兩蔣對胡、徐兩公都知之甚深。③由於胡秋原、徐復觀等的介入，不僅壓下國民黨內文化專制主義者的氣焰，而且掩護了陳映眞等免再度遭受牢獄之災。

筆者親自聽過胡秋原和鄭學稼先生說，他們探悉總政戰部主任王昇上將就要動手抓人，兩人親自前往勸阻，王昇才作罷。所以，陳映眞在慶祝胡秋原九十大壽時，帶有深情地說：「東渡以後的胡秋原先生一直不是國民黨統治集團權力核心中的人，正相反，他在很多時候，一直是做（原文如此，疑「做」是「被」字誤植）國民黨當局視同異己。他所主宰的《中華雜誌》，一向是國民黨軍隊、機關和政治監獄所禁閱的雜誌，就是一證。這樣一個無權無勢的知識份子，在那極端獨裁的政治下，能夠以他瘦弱的胳臂，單薄的衣袖，庇護了衆皆欲殺的台灣鄉土文學。胡先生的萬鈞之力之所從來，無他，正是他一生涵養的知識、思想的力量。」④

筆者沒有聽聞余光中先生與陳映眞等人有何私怨，但他們在人生理念和文學見解方面，卻是顯然不同的；然而，僅因見解和價值觀的不同，而在戒嚴時給別人扣紅帽子，至少是不愼和不厚道的。徐復觀先生稱〈狼來了〉爲取人頭級的血滴子，並非言過其實，如果不是胡秋原、鄭學稼的力保，「鄉土文學」諸君子已經有人繫獄。自此，余光中先生在知識份子和一些讀者中形象大告低落。大概他自己也感覺得到，所以曾經多次解釋和申辯，可是這種白紙黑字鑄成的污點，豈是輕易所能清除的？

在短暫會晤中，余先生留給我的印象

我與余光中先生在二〇〇七年之前，從未見過面，也沒有任何交往。我與余先生唯一一次見面是二〇〇七年二月。其時，獨立中文筆會和國際筆會代表在香港西貢舉行會議，而我恰擔任香港藝術發展局文學組委員會主席。我認爲文學藝術不應太顧慮政治立場，過門都是客，獨立中文筆會和國際筆會既然在香港開會，文學組至少應略盡地主之誼，請他們吃一頓飯。經過請示，獲得香港藝術發展局上層批准，我前往西貢出席國際筆會的會議，並邀請國際筆會代表和一些與會代表吃晚飯。可是「藝發局」僅批准我請一席，我想多請幾個

▶前排右起：余光中、國際筆會會長、寒山碧、喻舲居及其夫人。

人都沒有辦法。

國際筆會代表，我邀請了筆會會長等幾位洋人，台灣代表我只請余光中及張曉風，大陸代表我只請沙葉新，香港代表只請香港「中國筆會」會長喻舲居夫婦等。因此惹來香港和大陸一些作家在背後罵我「看不起人」，其實全部代表我都想宴請，廣結善緣，但上頭不批准，我沒有辦法。

我與余光中先生這次會晤中，他給我的印象是一位瘦弱的謙謙君子，雖不多言，但禮貌周到。我曾顧慮他會拒絕我的邀請，但沒有，我一邀請，他毫不猶豫就答應了。我不相信他不知道我是誰，也不相信他沒有看過或不知道我那兩篇「商榷」的文章，他已年屆八十，大概已無往日的傲氣，不再計較以往的小事。余光中先生已仙逝，俱往矣，但相信他的詩文仍會長留人世間。

注釋

①鄭煒明，〈日漸湮沒的風景線——六〇年代香港新詩〉，見《香港新詩的「大敘事」精神》（嘉義：佛光大學南華管理學院，一九九八年十二月）。

②寒山碧，〈後記：爲而弗志也！〉，《我的文學思考》（香港：天地圖書有限公司，二〇〇八年九月）。

③陳映眞，〈中國文學的一條廣大的出路——紀念《中國人立場之復歸》發表兩周年，兼以壽胡秋原先生〉，《胡秋原先生之生平與著作——祝胡秋原先生七十壽辰文集》（台北：學術出版社，一九八一年五月）。

④陳映眞，〈秉理直言，不媚世俗——敬壽胡秋原先生〉，見《胡秋原先生八十—九十壽辰紀念文集》（台北：學術出版社，二〇〇一年一月），頁一六五。

時代憶述

秋水春樹縈懷抱
——中國國家新修《清史》總纂戴逸訪談

郝倖仔

戴逸，一九二六年生，原名戴秉衡，江蘇常熟人。一九四七年考入北京大學史學系。現為中國人民大學一級教授、博士生導師、清史研究所名譽所長。專於清史、中國近現代史。戴逸歷任中國史學會會長（第四屆、第五屆）、北京市文史研究館館長、中央文史研究館館員、國務院學科評議組召集人、國家社科基金評審組成員、國務院古籍規劃小組成員。二〇〇二年國家清史纂修工程啟動，任國家清史編纂委員會主任。撰寫或主編圖書三十餘種，主要有《中國近代史稿》、《一六八九年的中俄尼布楚條約》、《簡明清史》、《乾隆帝及其時代》、《十八世紀的中國與世界》、《清通鑑》、《履霜集》、《繁露集》、《語冰集》等。

一、胡適是我的救命恩人

郝倖仔：戴先生好！關於您在四八年曾經被胡適先生擔保營救一事，日前和中央研究院的黃進興副院長談起，他很關注，因為胡適曾經受任「中研院」院長。我查閱了您著述中的相關論說，發現您以往對此事的回憶較零碎分散。這件事距離現在已經整整七十個年頭了，來龍去脈您可以完整地回憶一下嗎？

戴逸：我當年被國民黨抓起來，到特殊刑事法庭上受審，是胡適把我保出來的。胡適對我非常好。不過我跟他吵過一架。為開展學生運動，我要辦個圖書館，需要校長給我房子。他就問我，你幹嘛要辦圖書館？我們這圖書館不是很大嗎？我說有些書，北大圖書館沒有啊。他明白了，就說你就讀書，不要管那些閒事。我說不行，我就是想參加這個事情。當時我是館長。

郝倖仔：那是哪一年的事情？

戴逸：四七年的秋天。

郝倖仔：吵架的原因就是胡適校長

不讓您辦紅色圖書館？

戴逸：就是跟他頂了幾句吧。頂了幾句之後，他就不理我了。

郝倖仔：但是他搭救您是在這件事情之後。也就是說，他雖然不同意您這麼做，但您因此獲罪之後，還是出手救了您。

戴逸：搭救我是在四八年秋了，就是在一年之後。我被捕到特殊刑事法庭，當時很危險呀，特殊刑事法庭是軍統辦的，很厲害的，可是他一個電話過去馬上就釋放了。他有威信，軍統也買他帳。四八年那時候，軍統要撤退了，是要殺人的，槍斃啊。

郝倖仔：您被捕的消息，胡適校長是如何得知的？

戴逸：通緝令上了報紙，我的同學報告給了鄭天挺，鄭天挺是我的系主任，他一聽也著了急，他一直很喜歡我，趕緊去告訴了胡適，他知道胡適認識我，因爲胡適的朋友，就是錢昌照的哥哥，曾經寫過一封信給胡適，把我委託給胡適照看一下。錢昌照是原來國民黨資源委員會的委員長，後來政協的副主席。他哥哥是常熟人，與我是同鄉，跟胡適認識，當時年紀也很大了。我離開常熟的時候，他就把我叫去，給我寫了封信，要我交給胡適。我拿著這封信去見胡適，找到了胡適家裡，當時他家就住在東廠胡同。

郝倖仔：那大概是什麼時候？

戴逸：四六年了，我四六年到的北京。應該是冬天，十二月分，具體記不清了，就是年底。胡適看了信，對我很客氣，從此以後他就認識我。後來我聽他的課，坐在第一排，他就認出我來了。

郝倖仔：具體是什麼課？

戴逸：「歷史研究法」。這門課很多人講，不是他一個人講，但他是第一講。

▶錢昌照。

郝倖仔：他是第一講，您坐第一排。

戴逸：是啊，我去搶座位呀，學生都要搶座位的呀，我吃過午飯就去搶了，把書擱在那兒。晚上講，七點鐘開始，一直都是放在晚上開這門課。擠得那個屋子呀，人都擠不進去，那是當時最大的一間教室。當時北大窮得不得了，不是燕園呀，燕園就闊氣了。

郝倖仔：我們今天在北大上課，也要搶位子，也用書佔位，和您當年一樣一樣的。

戴逸：是啊，搶位子呀。他一進來就看到我，就認出我來了，我當時帶著一部書，從圖書館剛借出來的，他就翻那個書，說這本書很好啊，你看了沒有？我說我剛借的。

郝倖仔：書名您還記得嗎？

戴逸：孟森的《明元清系通紀》。

郝倖仔：他一進來，就注意您，認出您，還主動問您，顯然就是喜歡您呀。

戴逸：他知道我前一年有一門課，整個系考第一名，就是鄭天挺講的「明清史」。北大歷史系一百多名學生都聽這門課，都考這個試，我是第一名，這個他知道的。我們那個時候考試成績都是公布的，用學號公布，不用名字，張榜掛在圖書館對面的牆上。所以胡適是知道我的，但我們接觸不多。

郝倖仔：相當可以了，先生，您已經非常幸運了。您才二十出頭，就入了胡適先生的法眼，還又做館長，又上軍統的通緝令，您出名很早呀，還眞不是熬資歷熬出來的。

戴逸：是很幸運。最關鍵的是他爲救我，不光打了電話，還寫了封信。

郝倖仔：電話打給誰的？打給軍統？

戴逸：應該是打給特殊刑事法庭的庭長。庭長可能要求他寫封信。放了我，庭長怎麼交代呀？存個字據，胡適打電話，他不能不放。

郝倖仔：這封信您見過嗎？

戴逸：這封信後來在文化大革命中間，從檔案裡被搜出來，公布了。

郝倖仔：那可成了您的罪證。

戴逸：是啊，罪證。胡適當時爲什麼保你，是吧？

郝倖仔：這封信公布在哪裡？

戴逸：大字報。

郝倖仔：您親眼看到過這封信嗎？

戴逸：沒有親眼看到。我不敢去看，去看了，再被這幫人揪出來鬥一番。本來戚本禹保了我，交情還挺好，我已經沒事了。戚本禹倒臺，我又被抓進去關了幾天，這個時候就發生了這件事，就是公布胡適這封信。

郝倖仔：不去就對了，文革中莫名其妙被揪鬥陪鬥，搭上一條命的太多了，老舍不就是嗎。那是哪一年？

戴逸：文革第二年，六七年，揪叛徒嘛，我就被定成「叛徒」。你是被胡適保出來的，那不是叛徒嗎。胡適是戰犯，他幹嘛保你呀，你肯定叛變了。反正胡適當時很臭。當年我在人民大學教的學生——文革時鬥過我的——都知道有胡適保我的這封信。

郝倖仔：也就是胡適做校長，能這樣保一個年輕人。換做別人，眞沒這個影響。

戴逸：做不到，做不到。根本沒有這個能力。沒有一個像胡適這樣能夠保學生的，只有胡適能出來保一個共產黨嫌疑犯。

郝倖仔：您剛才說到，四六年您拿著錢昌照哥哥的信去東廠胡同找胡適校長，除了見到他本人，還見到其他人了嗎？譬如他的家人。

戴逸：他家人沒見到，見到了他的祕書鄧廣銘。胡適家門口有幾間房，鄧廣銘就住那裡，很近。我先到鄧家見的鄧廣銘，說有一封信要交給胡適，後來鄧廣銘說胡適要我去見他，鄧又領我去的胡適家。胡適住的地方很小，三間房，每一間比我這間大不了多少。

郝倖仔：您這間也就十來個平米吧，胡適那三間，怎麼也應該比這間大一點吧？

戴逸：那三間一共也就四五十個平米。中間一間是會客的，兩邊一間是書房，一間是臥室。

郝倖仔：鄧廣銘先生是現在北大鄧小南教授的父親，已經作古二十年了。

戴逸：鄧廣銘是我老師啊，當年鄧廣銘和季羨林兩個是北大最年輕的教師，四六、四七年那時候，他大概四十歲吧。那時候我有二十歲。

郝倖仔：當時鄧廣銘是胡適的專職祕書嗎？

戴逸：鄧廣銘自己還要做學問呢，不可能專職給胡適當祕書，應該是學術祕書吧。我也給吳玉章做過祕書，但也不是專職的。我每天晚上到吳玉章那裡去跟他聊天。

郝倖仔：是幫他做回憶錄。您還得過吳玉章獎呢，獎金一百萬啊！

戴逸：哈哈。我臨去解放區之前都沒來得及和胡適告別。放出來以後馬上和組織上聯繫，組織上讓躲起來，大概躲了五天吧，不到五天，組織上就給我準備好了各種證件，讓我走。再給抓起來就麻煩了。

▶鄧廣銘。

郝倖仔：不過這也不能怪您，當時形勢太危急了。

戴逸：是啊。不過我還是應該去謝一下胡適。

郝倖仔：對了，先生，中央研究院的胡適墓您去過嗎？還有胡適紀念館？

戴逸：去過，我去過的。

郝倖仔：我聽黃進興副院長說，文化部前部長蔡武，也是咱們國家清史纂修領導小組的前任組長，曾經參觀過中央研究院的胡適紀念館，進興院長時任「中研院」史語所所長，主持接待。當年的進興所長指著胡適先生坐過的一把椅子，對蔡武部長說：您也是北大校友啊，可以坐一坐老校長當年坐過的椅子，感受一下。您猜蔡武部長怎麼說？

戴逸：怎麼說？他不敢坐？

郝倖仔：您猜對了。蔡武部長說：胡適先生坐過的椅子，我怎麼敢坐，我就站在旁邊和這張椅子合張影吧。進興院長就感嘆他這個分寸的拿捏，說就憑這一點，他就應該叫蔡文，而不是蔡武。還有一個好玩的細節，蔡武部長訪問時隨行了不少大陸的媒體，當時還採訪了進興院長。採訪完對他說，今晚您就會和十三億觀衆見面，進興院長一時沒回過神來，想臺灣全島一共也就二千三百萬人口，哪來的十三億，再一想，哦，原來是大陸的媒體啊。

戴逸：哈哈哈。

郝倖仔：大陸的知識分子，尤其是在高層的，對胡適先生，對「中研院」，對史語所，有一種普遍的情結。

戴逸：對對對。我也去過，那是九〇年代，專門去的胡適墓，鞠了三個躬，感謝他搭救我。沒有他的搭救，我當時可能就死了，就槍決了。

郝倖仔：您把他看作救命恩人。

戴逸：是啊，救命恩人。不是胡適保我，我出不來。危險，危險。

郝倖仔：那就沒清史工程了。不少領導都去過胡適墓。科學技術部部長萬鋼也是進興院長任史語所所長時接待的。先生，您現在是高齡不方便去了，否則如果由進興院長陪您一起去拜謁胡適墓，那也是一段佳話了。進興院長在哈佛讀書時是楊聯陞先生的弟子，也是胡適先生的再傳弟子了。

戴逸：好，好好。

二、逃往解放區，我改名「戴逸」

郝倖仔：您當年逃亡解放區，是怎麼去的？路上凶險嗎？

戴逸：釋放之後，我就跑到解放區去了。這條路子是暢通的。從天津坐火車，再往南走一段，走到楊柳青，過去到陳官屯就下車了。有一條小河，渡過河，有個兩不管地界，沒有解放軍，也沒有國民黨，然後再走三四里，就到解放區了。我身上帶了路條、證明，進了解放區之後，晚上就住在農民家裡，就這樣走了兩天，一直到了滄縣。

郝倖仔：是林沖發配滄州的那個滄縣嗎？

戴逸：對對對。到了滄縣，我就發感慨，我被發配到滄州來了。這時候就要求我們改名字，到解放區之後都要改個名字。我本來叫做戴秉衡，就改成戴逸。

郝倖仔：就是「戴逃跑」的意思。戴逸和戴秉衡是不一樣的，是另一條道路，另一種命運。

戴逸：對，逸就是逃跑的意思。在滄縣填表、改名字，滄縣東城門口有個橋，叫我在橋邊上等著，到時候有人來找我，我就回答「劉仁」兩個字。

郝倖仔：那對方問您什麼？

戴逸：不問我什麼，就讓我回答「劉仁」，就把我帶走了。後來我才知道，劉仁是誰呀，就是北京市市長，彭眞的副手。我當時也不知道劉仁是誰。

郝倖仔：那誰讓您說「劉仁」的呢？

戴逸：這邊的黨組織。他們告訴我，我的接頭暗號就是「劉仁」，就讓我在東城門的橋上等著，等一會就有人來，把我領走，領到一個車站的候車室。當時那個車站已經不通火車了，打仗的時候沒有火車，但是車站的房間都是有人住著的，都是解放軍。

郝倖仔：這個車站等於是被解放軍占據的，但是不通車了。

戴逸：是的。就在那個車站住了一宿，第二天再走，就到了石家莊的平山，就是西柏坡，再從西柏坡轉到正定的華北大學。

郝倖仔：您投奔解放區是什麼時間？

戴逸：四八年十月，具體幾號記不清了，就是中旬，十幾號。

郝倖仔：您找胡適校長要房子辦圖書館是四七年秋天，這件事之後一年，您就跑到解放區去了。

戴逸：是的。四七年九月，剛開學的時候，我找胡適要的房子。我們的孑民圖書館也是那時候開始的。我們就是用蔡孑民（元培）的名字來作掩護，他是北大的前校長。

郝倖仔：胡適校長不是沒有同意您辦這個圖書館嗎？

戴逸：是啊，胡適還是沒有同意，但是鄭天挺同意了。鄭天挺對我非常好。所以後來圖書館，我還是辦起來了。

郝倖仔：當時鄭天挺是北大歷史系主任。讀您以往的回憶文章，能感覺得到，鄭先生當年非常欣賞您，您也和他非常親近。

戴逸：對，他還是北大的祕書長，他管事，總務上的事都是他管，管房子。他給了我地方。

郝倖仔：後來到了西南聯大他也是總務長。前一陣子《中華讀書報》上有一篇文章，披露胡適在四八年底南下之後還給鄭天挺發過電報，託付北大事宜。可見二人關係是很好的。

戴逸：對對對。

郝倖仔：圖書館的館址設在哪裡？

戴逸：在北沙灘紅樓。

▶鄭天挺。

郝倖仔：您還記得具體在哪棟樓的哪個位置嗎？

戴逸：那個房間還記得，在一層的轉彎處，一個角上面的房間，還有一間地下室。

郝倖仔：一共多大面積？

戴逸：不算地下室，就單那個一層的房間，有五六十個平米，應該還不止。裡面設有很多椅子，供大家看書的。還有好多書架，書當然不是很多，但都是進步書籍，甚至還有毛澤東的著作。

郝倖仔：哇，您那時候膽子好大呀！

戴逸：但是封面上不是毛澤東著作。

郝倖仔：這叫聲東擊西。

戴逸：對了。他們知道的人都明白哪兒是毛澤東的書，都放在書架上，就那幾本，《新民主主義論》都有。四七年，毛澤東剛講過〈目前的形勢和我們的任務〉，很長的一篇講話，那篇文章我們馬上就拿到了。我們跟解放區是有交通的，馬上就傳過來，圖書館馬上就出借給大家看。這個圖書館的影響很大，全北京的中學生都來借書，忙得不得了。

郝倖仔：圖書館當時有幾個管理員啊，能忙得過來嗎？

戴逸：都是北大的學生來義務幫忙的，有上百人呢，除了進步學生，不少中間學生也來幫我們運書、借書。其實來借書的中學生都是組織上的關係介紹來的。

郝倖仔：我突然發現一個問題，先生，四八年的時候，您這個紅色圖書館能搞得如此蓬勃，說明當時政治環境很寬鬆啊。

戴逸：是很寬鬆的。當時我做學生自治會的理事是競選的，掛的大布條從樓頂上垂到地面，上面寫著：請寫戴逸一票。

郝倖仔：您還拉過票呢，您年輕的時候這麼帥，北大的女生應該都去投了您的票吧。

戴逸：拉過，拉過。

郝倖仔：在北大學生會，您都擔任過什麼職務？

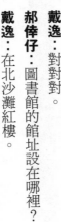

戴逸：我是學藝股的股長，學生自治會理事。孑民圖書館就是學生自治會主辦的，我負責管理。有本書專門寫這件事，書名就叫《北京大學孑民圖書館》。

郝倖仔：這篇文章我讀過，對其中一段印象很深刻，當年您作為孑民圖書館的館長，曾經自告奮勇地去清華大學找吳晗教授，瞭解一批從解放區帶來的圖書和文件。他對您非常熱情，還記下

▶一九四八年，北京大學南北社三人當選學生自治會理事誌慶（左起施政、華惠珍、戴逸）。

了您的姓名、住址，答應給孑民圖書館送一批書。但是對於解放區來人來書一事，他推脫得一乾二淨，說毫不知情。

戴逸：當時啊，他只能說不知道。

郝倖仔：後來文革中您受到衝擊，也是因為吳晗一案的牽連。您執筆寫作的〈論「清官」〉那篇文章，其實是六四年寫的，被周揚看中了。但在六六年姚文元批《海瑞罷官》之後，卻因此得罪了姚，被點名批判。當年的周揚多厲害呀，是毛澤東在文藝界欽定的頭一把呀。

戴逸：是頭一把。當時文教領域周

▶周揚。

揚說了算。文革一開始，六六年姚文元批判吳晗的文章出來半個月，周揚看到一場暴風雨馬上要來了，把龔育之、邢賁思、林甘泉和我四個人，調到中宣部去做寫手，組成一個大批判的寫作組，準備參加這場戰鬥，去了五個月，半年。文革過後，周揚碰到我，也是感慨不已。後來他也挨批呀，批他的「人道主義」。我也挨鬥呀，文革中給我戴上清官帽遊街。

郝倖仔：就是因為您寫〈論「清官」〉，被周揚看上，還給您量身定做了清官帽？那周揚跟您感慨，是哪一年的事情？

戴逸：他快去世的時候，不久他就去世了。那是在紀念翦伯贊的一次會上。

郝倖仔：建國初期，也是吳晗，曾經提議編纂清史，據說還專門找您談過話？

戴逸：那是五九年的時候，是周恩來委託吳晗，制定編纂清史的規劃，我也參加了，當時我三十歲出頭。但後來三年困難，就停下來了。到了六五年，

文化大革命前夕，周恩來又委託了周揚，準備成立「清史編纂委員會」。

郝倖仔：當時就是這個名稱？

戴逸：對了，當時就是這個名字，房子都看了，準備啓動了，誰知道兩個月以後，文化大革命開始了，又夭折了。不光夭折了，文革裡面還成了我一項罪名。再後來，就是八一年，鄧小平轉發一封人民來信，又提出要編。但是文化大革命剛剛結束，千頭萬緒還顧不上，也沒有錢，又拖下來了，一拖就是二十年。

郝倖仔：那就是說，大陸修清史，三起三落，您都參與了。

▶一九五五年，二十九歲的戴逸獲升副教授留影。

戴逸：我始終都參與了。第一次參加時我才三十幾歲，就妳現在這麼大，現在已經過了半個世紀，垂垂老矣。

郝倖仔：每每看到這個與當年一樣的名稱，您一定會想起那些曾與您共事過的史學界前輩吧。文革之後就不剩幾個了。

戴逸：是啊。史學界的前輩我都認識，除了吳晗，還有范文瀾、翦伯贊這些人。史學會的第一任會長是郭沫若，第二屆、第三屆沒有會長，第四屆就是我了，第四屆、第五屆我連任兩屆。因爲當年老一輩的都去世了，沒有人了。文革是個空白。郭沫若從開國以來一直當中國史學會會長，當了十幾年，一直當到文革。文革裡面史學會就解散了，文革以後重新組織，誰來當會長呢？選不出來，爲什麼呢？因爲老的都整死了，年輕的誰也不服氣誰。只好弄個五人委員制，我就是五人委員之一，這是第三屆的時候。到了第四屆，五人委員也不好，就普選吧，就是普遍選舉，史學會的代表都來開會，由代表來選，把我選上了，第四屆、第五屆，選的都是我。之後我就辭掉了，我說不能超過兩任，人家美國總統都是兩任，我不能連任三次了。我後面就是金沖及當會長了。

▶吳晗。

郝倖仔：鄧廣銘先生也當過會長吧？

戴逸：鄧廣銘沒當過。選我的時候，我選的是鄧廣銘。一是因爲他是我的老師，另一個是他在史學會中比較年長了，是我的前輩，我反正不能選自己吧。

三、我見過余英時

郝倖仔：我最近讀的書很雜，其

中也包括余英時先生的著作。據我看到的一些史料，新四軍這支隊伍的基本力量是皖南事變撤退下來的老根據地的精英，還有一些是從各大友鄰部隊支援過來的，聽說也有一些臨時收編、改編的地方武裝，和其他各式性質的、甚至是不正規的武裝力量。我在想，是不是我們的軍隊在內戰時期，總是伴隨著收編和改造的情況存在，而這些收編和改造應該是有一個過程的。有關話題想請戴先生談談。

戴逸：最近看余英時的回憶錄，寫他在老家潛山和抗戰時期那一部分，寫到了新四軍的某一些隊伍是被收編的。他在回憶錄裡寫的「共產黨」並不是眞正的共產黨，其實可能就是妳所提到的新四軍所改編的地方武裝，或者其他不正規的各式武裝隊伍。我們在內戰時期，確實一直存在著收編各式隊伍的情況，個別隊伍初期過來的時候，所作所爲劃不清界限，邪性不改。余先生談的也是事實，就是剛剛收編時期存在的一些現象。關於他所提到的那個「新四軍第四支隊」——那是在大別山區的、安徽潛山縣的一支游擊隊，這個隊長叫什麼名字，他都寫了——就是收編的地方武裝，改編初期可能存在余先生提到的那些情況。所以余英時對這支改編的隊伍有很大的意見，是可以理解的。我就是一個月以前看的這篇文章。

▶余英時。

郝倖仔：您說的應該是香港《二十一世紀》雜誌連載的〈余英時回憶錄〉，第一、第二兩個章節——〈安徽潛山的鄉村生活〉和〈共產主義與抗日戰爭〉。

戴逸：我們那兒也有新四軍，沙家濱就在我的家鄉——常熟，當時也收編了一些地方武裝。收編之前，這些散兵游勇幹了很多壞事，也被槍斃了好幾個。後來把首領除掉，改編成軍隊，改編之後紀律就很好了，受到劉伯承的任用。所以余英時寫這個，我有同感啊，我們那裡也是從改編期過來的；但改編之後就行了，確實是秋毫無犯。

郝倖仔：余先生在回憶錄裡也提到，潛山地區的這支武裝力量是在一九三八年被新四軍收編的，但是在被收編之後，其首領高敬亭並不接受葉挺、項英等人的領導，而是發展「山頭主義」和「宗派主義」，終於在一九三九年六月，被中共中央逮捕並處死。

戴逸：余英時這個回憶錄裡，還說到他有個表兄叫項子明，項子明是我們領導，北大地下黨的領導。

郝倖仔：四七、四八年，您在北大辦紅色圖書館就是地下活動，項子明就是當時您在組織上的領導嗎？

戴逸：是的。項子明我認識他。妳要是見到余英時，妳告訴他，我跟項子明認識。

郝倖仔：項是您的直接上級嗎？

戴逸：是我的上上級了，都是單

線聯繫。單線領導就是我只跟一個人聯繫。我知道他，他可能不知道我。我雖然不知道他住在哪兒，但我知道這些領導裡面有一個叫項子明的。而且我見過他。

郝倖仔：項子明原名汪志天，文革中因為「暢觀樓事件」①被打倒，文革後做到北大代理黨委書記。

戴逸：項子明文革挨整很厲害的。他是彭真的手下，我是周揚的手下。

郝倖仔：余英時先生其實對您、對咱們這個工程也不瞭解，尤其咱們又是官修史書，溝通的就更少了。

戴逸：史書都是官修的，二十四史都是官修的，個人哪修得起來呀。前朝都是宰相牽頭才可以的。現在我是獨立修史，官方根本不管，不懂清史啊。我們是學者修史，學術意見是自由的，怎麼修，採用哪些學術意見，完全學者說了算，政府不干涉的。政府和我們一起開過多次會，從來沒有在學術上提出應該怎麼修。還有，我們也不是壟斷修史，不是只准我們修，不准別人修。封建社會就是官府壟斷修史，清初修《明史》，莊廷鑨個人也修了一個，就被殺頭了，這是文化專制主義，是很惡劣的。我們是百家爭鳴、百花齊放，歡迎私人修史，歡迎各種意見。這個話，〇三年我就在臺灣開的座談會上講過。

郝倖仔：這個「雙百」方針，二〇一六年十月您會見歐立德教授（Mark C. Elliott）②時，也強調過。您和余先生見過面嗎？他好多年沒有來大陸了。

戴逸：我見過余英時。那是剛剛改革開放的時候，以後就沒有見過。他近期很久沒來了。

郝倖仔：具體地點在哪裡？

戴逸：在一次會議上。他來參加會議。

▶戴逸，攝於八〇年代。

郝倖仔：聊得怎麼樣？

戴逸：沒說幾句話，光介紹了一下。當時人很多，我知道他是余英時。

郝倖仔：見過和沒見過是不一樣的，見面三分情。

戴逸：見過，見過。他那時候年紀比較輕。

郝倖仔：您那時候也年輕啊。當時的具體場景，您還能回憶起來嗎？

戴逸：他從走廊裡走過來，我正在房間裡面，就和他握手了。房間裡好多人呢，就他一個人走進來，所以我知道他就是余英時。我早就知道余英時這個名字。

郝倖仔：給您看一張余先生的近照。這是二〇一七年七月三十一日，進興院長到普林斯頓看望余先生時的合影，這可是余先生最近的近照了，還是很精神的吧。

戴逸：哦，哦。余英時跟我一樣大吧？

郝倖仔：他應該是三〇年生人，您是二六年，比您小四歲。

戴逸：哦，比我小啊。

郝倖仔：其實余先生主要是沒和您接觸過，不瞭解我們。如果他能看到您帶領衆多專家的辛勤勞動，相信他也會有所觸動的。

戴逸：對對對，妳說得對。他也知道我們的。他的學生、北大教授羅志田，本來我聘請他來寫辛亥革命，我很客氣的，我專門寫了一封信給羅志田，說我就是欽佩你的學術，所以寫信邀請你。他當時也猶豫了一陣子，同意了。後來他說我的業師、我的老師啊，有點想法，這樣大集體寫歷史可能不一定合適，您是不是再看一看，不一定要找我寫，我想退出。我說沒關係呀，我們參加不參加都是自由的，這沒什麼關係。

郝倖仔：先生，我注意到，您多次强調「學術自由」這個詞。無論在清史工程內外，您總是兼容并包各種觀點和思想。就像二〇一六年十月您和歐立德教授的會面，肯定美國「新清史」研究對我們的借鑑價值，就非常有利於不同文化、不同研究方式之間的相互理解和相互學習。③所以說，先生，您得發聲，得讓國際學界瞭解您，瞭解您的胸懷，您的爲人。

戴逸：我都九十多了，還要國際上知道我什麼呀？

郝倖仔：不是僅僅瞭解您，更是通過您的人格魅力瞭解清史工程，瞭解大陸學者的眼界和胸懷。您這樣做是前人栽樹、後人乘涼。國家投了這麼多錢，修了這麼多年，當然應該讓國際上對我們有一個正面的認識。清史工程除了您，沒有人再有這樣的影響和資歷能夠做到這一點了。先生，您責無旁貸啊！

戴逸：哪有。他們應該能看到，我們整理了那麼多資料。

▶戴逸與歐立德合影。

郝倖仔：歐立德教授二〇一六年與您會面時，就非常肯定清史工程在文獻整理和翻譯方面的貢獻，還說這些資料他們都買了，這都是戴先生您的功勞。

戴逸：最近又出了《盛宣懷檔案》一百本，我相信他們會買。我們清史在資料上花的功夫很大，花的錢也很多。

郝倖仔：二〇一六年您在九編會上的講話，有兩個數字我印象深刻：整理檔案二百二十萬件，出版文獻資料十幾億字。所以說，清史工程目前的工程量，其實已經遠遠超過預期。這些文獻資料的價值會隨著時間的推移而愈發彰顯。鑒於史書編寫不可避免的時代局限，它們甚至會比新修清史本身走得更遠。剛開始的時候，有些財政部門不能理解，認爲整理這些資料跟修史沒有關係，不願意批錢。您專門爲此打了報告，寫了信，才促成此事。

戴逸：我們分主體工程和基礎工程，主體組（主體工程）編史；基礎組（基礎工程）三個——文獻組、檔案組、編譯組，資料都是這三個組的專家整理的。

郝倖仔：二〇一七年十一月分，呈交中央的送審稿就開始陸續問世了。二〇一八年十月，中央有關部門開始審稿。清史工程自二〇〇二年啓動，截至二〇一七年十一月，在您的帶領下，整整修了十五個年頭。

戴逸：因爲是國家工程，所以需要送審中央。國家要通過驗收，才能最後正式出版。剛開始的時候，對於在當時那個階段啓動修清史，國內各方面也有不同意見，當時學術界有很多項目需要上，爲什麼非要修清史？最後是中央拍板，決定上馬的，中央決定編，那就編嘛。對於當時讓我來主持清史工程，我自己也很猶豫，因爲我當時已經七十六歲了。我說再編十年，我八十六了，現在已經十五年了。我說這個史能編完嗎，起碼要編十幾年呀，所以我拼了命地編啊。

▶戴逸，二〇一四年攝於書房。

郝倖仔：先生，我從二〇一一年加入清史工程，親眼所見，您一面追趕時間，一面憂心質量，只爲向社會、向學界履行十年交稿的承諾。這是傳統知識分子重諾守信的品質，也是您從民國相攜而來的古風——北大史學系的浸潤、學生運動的洗禮、胡適先生的擔保營救，這些高峰體驗構成了您人格的底色，您還曾以干將莫邪蹈火煉劍、捨身成仁的故事，來表達自己甘爲清史編纂鞠躬盡瘁的決心。歐立德教授與您會面之後，就曾經感嘆，您是一位可愛的老人，當時他還祝您長命百歲，上不封頂。這是所有敬愛您的人的心聲。

戴逸：是啊，承諾似金。我已經九十多歲，不敢說百歲，謝謝。行百里者半九十，我所能做的，就是如履薄冰，只爭朝夕。

注釋

①一九六一年十二月，擴大的中央工作會議（即後來所謂的「七千人大會」）前夕，爲總結「大躍進」以來的經驗教訓，也爲了給即將召開的大會作準備，彭眞根據中央指示，組織調動北京市委對一九五八年以來中央下發的文件進行清理和檢查，主要負責人員包括時任北京市委副祕書長兼辦公室主任的項子明等人，相關工作以及會議的地點安排在北京動物園內的暢觀樓。這次檢查中央文件的工作，後來在文革期間被定義爲「暢觀樓反革命事件」，成爲以彭眞爲首的北京市委的一大罪狀，並由此掀起一場「革命大批判」。一九七九年，中共中央爲此一事件和牽涉人員平反。詳見：傅頤，〈重尋「暢觀樓事件」的眞實〉，《中共黨史研究》，二〇〇八年第五期，頁四二—五〇；宋汝棼，〈我所瞭解的「暢觀樓事件」〉，《讀書文摘》，二〇一三年第十期，頁十一—十三。

②哈佛大學副教務長，美國清史研究領軍人物。

③詳見：郝倖仔，〈中外兩位清史學家的握手〉，《人民日報》（海外版），二〇一七年一月十三日。

時代憶述

十年顛沛一頑童（二）

王正方

七、大公雞啄小雞雞、「雞捏我爹」

子弟小學遷到另外一個地方，安洲。還是母親負責管理全校的事情，但是她不是校長了，校長是那位曾到我們家來談「失眠」的傅伯母，工兵團團長夫人。子弟小學的經費由他們工兵團來籌措，團長夫人當然要掛名當那個校長。母親是學校的負責人，她教學有方，管教嚴厲，名聲遠播，已經傳到鄰省去了，有從百多里之外送來就讀的學生，也有當地農家子弟。

學校地處偏遠，許多男女學生住校。操場空曠，有升旗台、滑梯、蹺蹺板，但是沒有球場，下了課同學們就在空場子上跑來跑去追著玩。父親從部隊帶回來幾隻不大不小的皮球，他教小朋友打籃球，大家好喜歡。沒有籃球架子怎麼打籃球？爸爸就站在那兒不動，兩隻胳臂彎在胸前當籃框，球投進去算兩分，比賽得還很激烈。

我們家就在學校的後面，院子裡竹林茂密，養了一群雞。我最喜歡坐在大門門檻上看群雞爭吃穀子，給每一隻雞起了《三國演義》裡面的名字。那時還看不大懂《三國演義》，但是平時看野台子京戲、爸爸哼的一段段老生唱腔，

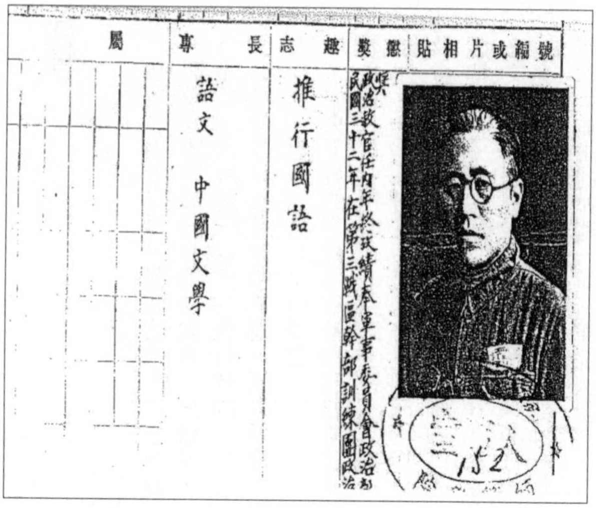

▶抗戰時父親的證件照。

多數是三國故事。

父親講〈虎牢關三英戰呂布〉；呂布年少英俊，使一枝方天畫戟，跨赤兔千里馬，劉關張三兄弟圍著打也贏不了他。怎麼會這樣，關雲長的大關刀也不管用了，什麼又是方天畫戟，那麼厲害？爸爸畫了個方天畫戟給我們看，有三個尖刃，樣子怪怪的，比其它的兵器長。

老爸說：「古代兵器，一寸短、一寸險，方天畫戟揮舞開來，別人近不得身。」「張翼德用丈八蛇矛，也很長呀！」「那倒也是」，爸爸想了一想，然後有個結論：「關張兩兄弟卯起勁來打，呂奉先絕不是敵手，偏偏那位武功平常的劉玄德要過來湊熱鬧。你知道劉備用什麼兵器？」「雌雄雙劍。」

「對呀！寶劍才不過三尺來長，他就在那兒做樣子雙手掄劍比劃，就像小方打架，急了掄起王八拳來亂打，有什麼用？關張二兄弟還得保護著他，別讓呂布抽個冷子橫過來戳一戟，傷了劉皇叔麻煩可大了，這個仗怎麼打？」之後，我認定呂布才是眞英雄，劉備的武藝差得太遠。

竹林子裡有隻小公雞，平時把頭仰得高高的，大步走來走去，左看右看的，很神氣。見到別的雞咬著條小蟲子，牠就跑去三下兩下搶過來。連大公雞嘴裡的食物也敢搶，跑得飛快，大公雞追不上，然後還能邊跑邊吞吃蟲子。這頭小公雞，當然就是呂布。呂布經常和別的公雞打架，牠鬥起來的時候，脖子挺得筆直，小雞冠矗立著，雞毛蓬起來，跳得比對手高，嘴裡唧唧咕咕地叫，多數不會互相啄到，作作樣子嚇唬對方，有一方退下來，戰鬥結束。通常呂布都是贏家。

那隻老公雞塊頭龐大，所有的公雞母雞都與牠保持距離。那還用問，老公雞就叫曹操。牠從來不跑，步伐沉重，曹老雞性子上來就追母雞，站在母雞的背上歪過後身來和母雞對一下屁股，然後跳下來得意地呱呱呱叫一陣子。我們家做飯的李嫂，講一口當地河口話，我差不多都聽得懂了。她說：「老公雞爬到母雞的背上去，那些母雞就會孵小雞了，以後我們就有更多的雞，多好呀！」

李嫂預備一個窩，選出十幾顆蛋來放在窩裡，那頭母雞就天天在窩裡孵蛋，偶而離開窩到外面吃點東西。時間到了，就聽見小雞吱吱喳喳地叫，十幾頭黃毛小雞滿地亂轉。我一直不明白，李嫂怎麼知道哪一頭母雞要孵小雞了，她預備的蛋都一定孵得出小雞來呢？李嫂咧開嘴笑：「鄉下人就曉得，你們學生仔也不用知道呀！」

有一天，我吃飯的時候穿著開襠褲，其實那種丟人的褲子，我早就不穿了，因爲那天沒褲子換，母親隨手找了條過去的開襠褲給我穿。曹老雞很賊，每到吃飯的時候就溜進屋子裡來，在飯桌底下遊走，專揀掉下來的飯菜吃。牠經常在我的座位前後巡邏，因爲我吃飯時最會掉飯粒子。那天很餓，我扒飯扒得快，有不少飯粒子掉在身上褲子上。忽然，我的小雞雞頭一陣劇痛，便由不得的縱聲大哭，曹老雞快步跳過門檻，逃到院子裡去了。仔細檢查，我左邊的包皮破了，血慢慢從傷口滲出。

這起案子的原委也簡單。我穿開

襠褲，那話兒就露了出來，有顆飯粒子落在上面，曹老雞挺起脖子來有半個人高，搖晃著鮮紅的大雞冠，牠眼明嘴快，就近猛地在我那處啄了一口，釀成流血事件。

母親作了機會教育：吃飯要坐直、專心、細嚼慢嚥，就不會扒飯扒到滿身都是飯粒子。曹老雞啄小雞雞的事，被家人取笑了一輩子。從此我躲著曹老雞，牠還是滿院子欺負其他的雞，這個傢伙滿討厭的。

爸爸請客，李嫂做了好多道菜，客人讚不絕口。李嫂得意地說：「還有一鍋雞湯。」她端上一隻大湯鍋上桌，打開鍋蓋，熱氣騰騰的，香氣四溢，賓主發出一片叫好聲。我看見鍋中有一隻大公雞頭，眼睛閉著，呈死灰色的大雞冠浮在湯面上，曹老雞軟趴趴地躺在鍋中。我衝到廚房大喊：「李嫂，你把牠煮雞湯了呀？」然後，我止不住地哭了出來。

李嫂說：「你爸爸臨時要我加菜的呀！莫哭莫哭，老公雞啄到你流血，牠不好。」「可是我沒有要吃牠呀！」「沒關係，你喜歡的小公雞長大了，叫什麼綠柏呀？」「呂布。」「對囉！你看牠現在多神氣，也會爬到母雞的背上去，不用擔心。老公雞太老了。」

我喜歡坐在門檻上呆看院子裡的竹林，有好多麻雀飛上飛下，他們的話多，雙腳跳著往前走，偷吃雞的飼料。風吹在竹葉子上的聲音，像有人在不停地撕紙。再細細聽，隨著微風去來，總是聽見有人說話，忽近忽遠或有或無的。靜下來是另外一種聲音，聽起來最舒服。

我們都很怕兵工團的團長傅伯伯，他是撥錢辦小學的老闆。穿著筆挺的黃呢子軍裝，腰上一條寬皮帶，一根細皮帶從右肩斜著掛下來，講話聲音很響亮。爸爸和他見了面就說個不停，同聲大笑的時候，聲震屋瓦。他女兒燕寧和我同班，燕寧和我挺要好的，她偷偷告訴我，因爲我長癩痢頭，她媽媽不准她同我玩，但是她老忘記，又跟我玩起來了。

有一次，傅伯伯來學校演說，全校師生站在操場聽，他講平常在部隊裡的那些訓幹部的話，小學生聽不懂，搖搖晃晃地站不住，傅伯伯好幾次叫學生要好好聽演講。燕寧也和我們站在隊伍裡，忽然聽見傅伯伯大吼：「傅燕寧，妳給我站出來！」大家嚇壞了，燕寧堵起嘴來往前走了兩步。傅伯伯一直罵燕寧不守規矩，站在隊伍裡同旁邊的人講話，旁邊的那個人就是我。傅伯伯愈說火氣愈大，他喊：「傅燕寧，妳給我跪下！」燕寧開始哭，哭得好可憐，但是她就是不肯跪下來。然後傅伯伯突然扭頭離開了。這個人好兇喔！

母親跟爸爸提了好幾次：「傅ＸＸ在小學生面前逞什麼威風嘛！嫌學校辦得不好，你就來罵我呀！當衆侮辱自己的女兒，算什麼英雄好漢！」爸爸嘆了口氣：「唉！他這人就是個法西斯！」

班上和我最好的同學是個本地的農村孩子，特別矮；下雨天，他頂著一只大斗笠，上面寫著：「毛提摩太」四個大字，很怪的名字。母親說：毛提摩太是全校最聰明的孩子。媽媽的話是權威，我完全相信。毛提摩太究竟有多聰明？每堂課老師問問題，他總是第一個舉手，答案脫口而出，從來沒錯過。他還會說出一長串的外國話，告訴我那是拉丁文。問母親：「什麼是拉丁文哪？」「拉丁文是古代的歐洲語言，現在沒有多少人會了。」「怎麼毛提摩太就會呢？」「是嘛！他一定是跟天主教神父學的。對喔，所以他的名字叫提摩太。」

毛小鬼一家信天主教，神父看他聰明，訓練他念誦彌撒中的拉丁文，這小子的記性好，念幾遍就會背。做彌撒的時候，他當輔祭。聽他嘰哩咕嚕不用喘氣地念拉丁文，眞的好佩服，怎麼記得住那麼長一段又一段的？他說，做彌撒輔祭挺容易，跟著神父跪下又站起來，接著神父念兩句，到時候搖三次鈴，一會兒再去祭台中央，向教友鞠躬、甩香爐。剛才他念的那一段好長的拉丁文，是神父舉起雙手來同天父講的話，他也都記住了。我問他：「那是什麼意思呢？」毛提摩太就用江西話說了一段，我聽不懂。他說：「我只會用江西話來講，哎呀！算了，反正天主教的事你也不懂。」「我跟你學拉丁文，先教我簡單的。」

我的學習能力遠遠及不上毛小鬼，跟著他一遍遍地說了幾次，被他一再糾正。最後只學會了「阿們」、「沒阿哭路霸」，還有一句是：「雞捏我爹」，這句很重要，是什麼意思？毛提摩太嫌我囉嗦，不再解釋，或許他只會說說，意思也搞不懂。我被雞啄過，是個最怕雞的小孩，這「雞捏我爹」，是雞還要跟我爹過不去？聽起來相當可怕。第二個學期毛提摩太不來上學了，母親說他爹認爲唸書沒用，要他下田幫忙種地。

後記

多年後在台灣，我常去台北市同安街天主教南堂，受神父提拔學輔祭，讀了點拉丁文；毛提摩太留下來的不解之謎，才得以逐一明瞭。「阿們」不用解釋；「沒阿哭路霸」是Mea culpa，我有罪，在彌撒過程中，神父領信眾懺悔自己的罪，念：Mea culpa, mea culpa, mea maxima culpa；我罪、我罪、告我大罪！輔祭與望彌撒的信眾跟著大聲唸，懺悔。

那個「雞捏我爹」又是啥呢？仍然不得其解。直到有一次，我翻閱中文彌撒書，某處寫著：教眾望彌撒時，隨神父以拉丁語念Miserere nobis，如有困難，可以用中文回答：「矜憐我等」。眞相大白；毛提摩太當年用江西土話說：「矜憐我等」，我聽成了「雞捏我爹」，還以爲他在說拉丁文。

憶起幼年玩伴毛提摩太，他的名字源自《聖經．提摩太書》，此人絕非等閒之輩。

八、孫學長、家隆哥，我們到南城去

孫學長比我大七歲，是我們學校裡塊頭最大的男同學。我記得他頭一天來學校的那一幕：一個大男孩，臉孔近乎四方型，濃眉大鼻子，站在那裡滿不在乎地東張西望，一臉的不遜。他母親講一口山東話，一五一十地告訴曹老師：這個孩子實在太頑皮，俺管不住他，他爹不在了。孩子他爹是位陸軍營長，台兒莊戰役的時候，率領敢死隊攻佔一座日軍堡壘，拿下堡壘，營長中彈犧牲。早就聽說曹老師最會管學生，俺就把他交給老師了，要打要罵都可以。然後就指著她兒子說：「你要是不聽曹老師的話，被學校開除，那就不用回家，俺也不要你了。」她兒子滿不在乎的樣子，眨了眨眼，沒說話。

曹老師對學生嚴格但是公平，立下的規矩必須遵守，賞罰嚴明，住校學生更必須遵守校規。開始的時候，孫學長沒鬧事，學業成績也過得去。孫的個子雖然在男同學裡面最高，可是學校裡還有一個女同學，身材發育得很成熟，比孫學長就高那麼一點點。同學們說，他恐怕打不過那個大女生，孫學長當然不服氣，伸出胳臂來顯肌肉，說他打架當然是全校最厲害的，又瞪起眼睛張開嘴巴，樣子挺嚇人。

某次在課間休息的時候，同學們起鬨，要兩個最大個兒的男生和女生摔角，他們就抱在一起摔起來了。眞的是勢均力敵，誰也摔不倒誰，圍觀者看得十分興奮，在一旁大聲叫喊加油。最後，孫學長使了個絆子，大女生失去平衡，兩人轟然倒下，在地上翻滾，揚起來一大片塵土。塵土慢慢落下，我們看見母親站在對面，她的面色嚴肅。

學生在課間打架是件大事。那天，我們正在吃晚飯，孫學長敲門進來，兩手下垂，低著頭站在飯桌旁，母親問他知不知道今天做了什麼錯事？孫學長點了點頭。母親繼續說：「依照學校的規定，在校內不守規矩打架的學生，一律開除，明天學校就會通知你母親來學校接你回去，現在你可以回宿舍了。」孫學長不說話，也不肯離去。

過了一陣子，他低聲說了句什麼，誰也聽不清楚。母親要他大聲說話，他又說了一次，還是模模糊糊的，重複了三遍，才聽清楚他在說：「曹老師對不起，我知道錯了。」曹老師沒有改變主意的意思，堅持要他退學。

孫學長繼續央求著，母親不爲所動。然後他開始啜泣起來，一面哭一面懇求著；不能退學，因爲媽媽說過，曹老師要是不要他，媽也不要他了！啜泣的聲音愈來愈大，後來變成嚎啕大哭：「曹老師對不起，我再也不打架了，再也不打架了！」

我可是從來沒見過，這麼大個子的男生能哭成這個樣子！孫學長眞的被嚇到了。最後母親對他說，如果你是眞心地改過，就答應他暫時留在學校，但是不能犯任何錯誤，否則立即退學。孫學長繼續在學校唸書，對曹老師口服心服，不再出事了。但是他還是經常同我們說：「其實我打架還是最行的。」

爸爸興致高的時候最喜歡找來三朋四友，在家中飲酒暢談，針砭時政，激昂慷慨，聲音愈來愈大。閒來無事便哼起梆子腔、京韻大鼓，當然他最引以爲傲的是唱京戲的老生唱段；《空城計》、《臥龍弔孝》……，右手夾著根香菸，上下搖動，眼睛半睜，最特異的是他的雙耳上端能夠隨著音調高低，一鬆一緊地前後夾動，韻味十足地哼起言菊朋迴腸百轉的調子：「曹孟德，領人馬，八十三萬……。」這一句就能唱上五分鐘。

嫉惡如仇，發起火來有如沖天炮，吼聲驚人：「他再這樣欺負人，我就殺了他！」急急風的脾氣來去的快，通常是一個小時之後，碰上件好玩的事，他那兒又談笑風生起來了。父親說：「北方人都是這份兒德行，快人快語的不會拐彎抹角。這叫：小胡同趕豬，直進直出。」

母親是傳統大家族的長女，在一個重禮儀規矩繁多的環境中成長，行事嚴謹，紀律性強，一切按步驟來。她對小孩的態度嚴肅，說話算數，言出必行。她說：「答應過小孩的話一定要辦到，否則下回他就不相信你了。」她也用同樣的誠信條件要求孩子和學生，小朋友想在她面前耍花樣可不容易。

雙親的性格幾乎相反，他們生活在一起，發生過許多磨合困難的場景。老爸急起來口無遮攔，講些發洩情緒有失分寸的話，事後卻要付出甚爲沉重的代價。母親最有效對策是：「徐庶進曹營，一言不發。」冷戰進入第二天，爸爸是那麼的愛講話，怎麼受得了？他道歉賠不是、說好說歹，對方就是不回應。然後，爸爸就命令我們兩個：「過去，向母親說對不起，不應該惹媽媽生氣。」其實完全不干我們的事，正要抗議，老爺子說：「我記得你上個禮拜脫毛衣的時候，媽媽脫得慢了點兒，你就在那兒哭呀喊的。」我說：「是毛衣矇住我的頭透不過氣來嘛！」只有聽老爸的吩咐，過去心不在焉地向媽媽道歉，一切都無效。

記得爸爸某次被冷戰磨到快瘋掉，點起一隻煙來唱《空城計》；司馬懿退兵後，孔明在城樓上唱的那句：「我面前缺少個，知……心的人哪！」重複了十數遍之後，母親說：「缺少個知心的人，你就去外面找知心的人好了！」「妳看，我是在唱戲嘛！」至少她開口講話了。

生悶氣的時候，每個人的臉部表情都不會太好看。父親的名語錄之一：

▶父親最心儀的二位京劇老生，抗戰前在北平看過他們多次演出（上二幅為余叔岩及其劇照，下二幅為言菊朋及其劇照）。

「那臉就像給屁薰了三天似的！」相由心生，一點都不假。通常，爸爸說這句話都是指別人，但是有一回雙親大人不知道爲甚麼事，吵得十分激烈，冷戰了一個禮拜不見和緩。我聽見父親在屋子外面獨自小聲咕噥：「她那臉就跟讓屁薰了三天似的！」這回的問題非常嚴重。

爸爸出差不在家，清晨媽媽把我們叫醒，快速地穿衣服出門，同行的還有楊阿姨和她的兒子家隆哥，再加上一名阿姨家身強體壯的勤務兵。「我們去哪裡呀？」大人不搭理。楊阿姨的先生是父親的同事某將軍，兩家人很熟，家隆哥和哥哥差不多大，也在我們子弟小學讀書。

旅程很遠，我們問了幾次：「爸爸呢？」母親沒好氣地說：「不要再問了，我們去南城看你舅舅。」有機會三個小孩一道旅行，覺得挺好玩的，管它去哪裡呢？如此遙遠的長途旅行，應該是走了許多天才平安到達。記得我們在南城的一座天主堂附近住了下來，大概是一個天主堂的招待所。母親天天帶我們去天主堂望彌撒，洋神父在祭台上唸經、跪拜、用江西國語講道，外國修女領著唱經班，隨著風琴唱起來。母親很厲害，她能夠用英語和神父修女交談，神職人員也都能說點國語。我們兄弟二人望了一陣子彌撒後，便不由分說地受洗成爲天主教徒了，神父給我們各自取了一個聖徒的名字：老大叫保羅，小的叫彼得。

▶抗戰前任某天主教女子學校教務主任，右邊坐著的是母親曹老師。

媽媽告訴我們：結婚之前，她在山東青島一間天主教女子學校當了七年教務主任。我們看過很多次那時候的老照片：學生們穿漂亮的黑白制服、有許多笑咪咪的外國修女、教會學校設備好、活動多、青島神父有照相匣子，一有機會就拍照。相較之下，江西的子弟小學真的好土喲！

母親有一本老照相簿子，她在青島的時候又年輕又漂亮，頭髮燙起大波浪，戴一副墨鏡，穿寬大的外國洋裝，每張團體照裡都有她；淺淺的笑容，透著自信，姿態優雅，她那時的一身打扮真的太好看了。現在她穿沒有腰身的粗布陰丹士林旗袍，我問：「從前的那些漂亮衣服呢？」「哎呀！都抗戰了，穿漂亮服多不合適呀！」

「我以前是虔誠的天主教徒，又在那個教會學校工作了很久」，媽媽說：「受到所有神父和修女的器重，我認眞考慮過要進修道院。」「去修道院，那是做什麼的？」「修道院出來當修女傳教呀！」「喔，就像白姆姆每天穿黑白袍子，臉和頭都包起來那樣，夏天會很熱嘛！」「唉！後來遇見你爸爸……」

家隆哥的個子不高，但是他跑得最快，爬樹更是利害，兩三下就上去了，然後站在很高的樹枝上跳下來。早上望彌撒之後，通常就沒事了，我隨著家隆哥在天主堂附近的草叢中亂跑，他認得出許多不同的花草，個個都叫得出名字來，教過我怎麼去辨認；然而我在這方面的悟性不高，屢次被他罵好笨。楊阿姨經常叫家隆哥去野地裡採枸杞頭回來炒蛋，我拿著隻籃子跟在他後面，沒多久就採回來一籃子的枸杞頭，吃飯時多了一道新鮮菜，很有成就感。後來，我也學會了認枸杞頭，幫著他找，但是他嫌我找來的枸杞頭都太老，老枸杞頭炒出來會很苦，不能吃。枸杞頭是什麼玩意？枸杞乃野生草本植物，長出來的枸杞子是中醫的一味藥。江西人稱枸杞葉子做枸杞頭，拿它來炒蛋的味道獨特，微苦。

▶母親（一九二六年）。

然後我們輪流得痢疾，病勢十分嚴重，苦不堪言。三個小孩先病倒，發燒瀉肚地折騰不休，我和家隆哥病癒得最快，哥哥也逐漸康復。跟著是大人一一不支，病況很嚇人，時常昏倒在地，屎尿不禁的。那時是抗戰中期，南城地處東南，是個落後地區，不具備任何醫藥條件，或許天主堂曾提供過些基本的西藥。我們是怎麼相互扶持熬過來的，已不記得箇中過程，生死由天，各憑福報了。

終於連絡上舅舅了，我們一夥人搬到他那裡去住。舅舅是南城陶陶招待所所長，在當地是個有地位的人。陶陶招待所可比天主教堂旁邊的地方好得太多，房間寬敞舒適，有花園池塘，池塘裡彩色鯉魚游來游去，那裡的飯菜太好吃了。母親排行大姐，舅舅是四弟，大家庭的規矩，弟弟侍奉長姐，自然要盡心盡力，我們在那兒好開心。

舅舅身材高，面頰消瘦，穿一身筆挺的中山裝，很帥氣。根據媽媽的說法，曹家的男人多半都是這個長相的：高大英俊儒雅。我們的爸爸有個不算小的肚子，個頭偏矮，頭髮稀疏。看到幾幅王家的老照片，爸爸家的親戚多數也是矮胖或矮壯型，十足北方莊稼人的樣子，就被曹氏宗親比下去了。

舅舅只有一個女兒，比我們大很多，住在南昌老家，母親說我們得叫她大表姊。舅舅最大的煩惱和遺憾是到現在還未曾得子，初次見到我們哥兒倆，媽媽說舅舅就露出了一臉饞相，恨不得把我們都收做他的兒子才好。我小時候甚爲調皮好動，最能討到大人的喜歡。到了陶陶招待所的第二個晚上，舅舅就要求我每晚陪他睡，母親沒意見。可是過了幾夜之後，舅舅又把我送回來了，他說：「小方很好玩，可是他每天晚上尿床，這個……我眞受不了！」

沒有多久，爸爸就出現在陶陶招

待所了，他帶來水果、糕餅，一時嘻嘻哈哈的，很熱鬧。爸爸和四舅舅最聊得來，兩個人每天抽菸喝酒地說個沒完，分析局勢、批判當局的腐敗、痛恨日本軍的殘暴。我還清楚地記得，他們曾討論過如何才能治好小方尿床的毛病，偏方太多了：綁個玻璃瓶在那根小雞雞上，就不會尿濕了被褥；乾脆綁上隻喇叭，一撒尿號角便響起，喝癩蝦蟆的尿……然後兩個大男人就呵呵地笑個不停。

收拾行李要離開南城了，我們眞的好捨不得。捨不得那座天主堂，望彌撒時洋神父厚重聲音唱經唸經，修女的尖嗓子領頭唱起來、漂亮的陶陶招待所……，還有，家隆哥他們不同我們回鉛山，因爲家隆的爸爸沒來接他們，以後我再也不曾到野地裡揀枸杞頭了。

▶舅舅只有一個女兒，很想收我做他兒子。

後來，我問起去南城的事，母親說：「你爸爸一直在騙我，楊阿姨的先生也做了很壞的事，以後不許再問了。」南城在鵝湖的西南方，粗略估計距離至少有一百五十多公里吧！抗戰期間沒有交通工具，又逢上戰亂，路上治安不好，母親和楊阿姨突然決定冒險作長途跋涉，必然有她們重大的理由。

多年後，與老哥談起幼年遠赴南城的往事，憑著集體記憶互補長短：媽媽和楊阿姨一定都遇到婚姻上的困難，帶著衆小孩不辭而別，看來是個倉促的決定，所以到了南城，一時找不到四舅，暫時在天主教招待所裡安身。爸爸出差回家，見不到一家大小，當時的戰區後方，通訊、交通異常落後，那份焦慮也可想而知。他憑著合理的推測，我們應該是去南城來找舅舅的吧！老爸在兩個月後出現在南城，化解了爭端，我們回到鉛山。他們之間究竟發生了什麼嚴重的問題？媽媽多次說她被騙，爸爸是怎麼騙她的？這個答案直到抗戰勝利之後，方才眞相大白。

▶據說這位主教抗戰時期主管天主教中國東南教區。

後記一

多年後，我們在台灣又與楊阿姨、家隆哥相逢。阿姨告訴我們：南城分手後，在陶陶招待所又住了一段時期，朋友介紹贛南專區，新來的專區主任委員蔣經國很有幹勁，許多人慕蔣專員的名去了贛州，楊阿姨帶著家隆哥在贛州工作，一直到抗戰勝利。

家隆哥改名志勵，後來他考入空軍官校，成爲優秀的戰鬥機飛行員，編入雷虎小組第二隊。志勵哥是我最知心的好朋友，我們一起在台灣度過慘綠的青

少年。（參閱附錄）

後記二

高中一年級的暑假即將結束，某日我在家中窮極無聊地混著，有人敲門，門啓處有一個濃眉方面的大塊頭站在那裡，不用他自我介紹，我已認出來是多年不見的孫學長。他的來訪不是意外，因爲孫學長兩個星期前就寫來一封信，母親接到信之後好開心，四處拿信給人看，說：「這是我抗戰時候教的學生，他憑著同等學歷就考上台灣師範大學了。」

孫學長講起自江西別後的經歷來，他去了南京，在遺族學校讀書。每個同學都是抗日戰爭的烈士遺族，我們身分證上的父母欄上寫著：父，蔣中正；母，蔣宋美齡，眞叫神氣嘍！好好念書了嗎？才沒有，那裡的老師都不像曹老師，好混得很。在南京，有吃有住還有零錢花，每天和同學們四處逛。戰事吃緊，跟著部隊望南走，一路上可叫辛苦呢！有一頓沒一頓的，有時一天只發給一根玉米，我用鉛筆畫出三份來，當成早中晚三餐。爲什麼？你要是一下子把一根玉米都吃掉，晚上餓起來可就受不了啦！

遺族學校先撤到廣州，再搭船來台灣。上面下命令，解散遺族學校，身體強壯、個子大的同學都要去當兵。我們不幹，集體抗議。後來「國母」來學校演講。誰是國母呀？就是在我們身分證上列爲母親的那位嘛！她說：你們應當繼承父親的遺志，都去給我從軍報國。我們去了鳳山，成爲國軍「新軍搖籃」裡的新兵。因爲我塊頭大，連長派我當機關槍手，別人出操扛步槍，我要扛一挺輕機關槍，重得多了。

一年多後，覺得這樣子下去，就當個大頭兵一輩子，不是一回事，必須要回去讀書。上面規定，如果考上大學，就准你退伍入學。遺族學校是個中學，我沒畢業，更沒有用心讀書，憑那時的破程度，那裡考得上？攢錢買了好幾本考大學指南，抽空死K。教官最不喜歡當兵的看書，怎麼，你比我有學問哪？見到有人在一邊低頭用功，就找出件閒事來操你。站崗的時候最好讀書，大家都入睡了，沒人來煩你。就著路燈翻書猛看，吸收的才叫快呢！

這樣子K書實在很累，多次都灰心了，幾乎不能繼續。就想起曹老師的話來：「持之以恆，每天一點點地做下去，堅守紀律，多少都會有些成就的。」頭一次參加大專聯考，成績不好，第二年再考一次，才考上師範大學數學系。我早從報上知道你們在台北，不敢寫信聯繫。爲什麼？總覺得自己要有點小成就了以後，才有臉來見曹老師呀！

曹老師是他的恩師，小時候從她那兒學到了許多：怎麼讀書、如何預備考試、生活規律化、答應別人的事，一定要做到等等。孫學長告訴我：將來要是有了孩子，他要完全用曹老師的那一套來教育他們。畢業後，他赴美國深造，取得學位，便在加拿大某大學教數學。

又過了幾十年，母親遠赴美國，分別與我們兄弟住了一段時間。孫學長專程從加拿大開車過來拜望恩師，近況如何？他的兩個兒子都上大學了，一個學醫，一個學電機，從小就受到「曹氏教學法」的嚴格管教：早睡早起、注重衛生、今日功課今日畢、犯規的要受嚴重處罰……。老母聽到這個簡報，自然喜不自勝，當著老少三代說：「這輩子唯一的成就是教了幾個好學生，我的好學生比兒子可強太多了！」

孫學長聽了之後，笑呵呵地合不攏嘴來，用著惡作劇的眼神瞧著我們兄弟二人。不孝子如我等，當場爲之披靡。

▶抗戰四幼童在台北重逢，共度青少年時光。一九五六年在台北合影。孫學長（右前）、家隆哥（右後）、哥哥正中（左後）、作者。

附錄

當我們同在一起

終於到了空軍公墓，我四十年前就該來的。兩名替代役小伙子又蹦又跳地在前面領路，捧著兩小盆蘭花，進入一片墓地。放眼望去，地面上斜躺著好幾百塊尺餘見方的水泥墓碑，排列整齊，就像入伍訓練早點名時的隊伍。志勵哥的墓碑在哪裡？六百三十二號，順著號碼慢慢找。

水泥墓碑上的字跡相同，寫著每位飛行員的簡短履歷，文字呆板，這就是軍中的制式處理吧！六百三十二號水泥墓碑在兩棵小松樹的下面，將蘭花並列在碑前。仔細讀水泥碑上的字：秦志勵，少校飛行官、籍貫、年齡、空軍官校X X期畢業。於民國X X年X月X日駕機服行照相任務，因公殞命。

墓地簡陋如此，居然還用「殞命」這兩個字！志勵哥出生入死在空中巡邏千百次，因飛機機械故障而失事，再冷酷無情，也算是因公殉職吧！「殞命」是個帶有侮辱性、貶意的詞，以此來敘述一位英挺飛行官的人生完結篇？我頓時怒急攻心，想縱聲而吼，世間無道，就把人當作一次性使用的消費品，倫常喪盡如斯！衰老無力的我，又去哪裡爭辯？佇立在碑前很久。

志勵哥，本名家隆，是我幼年最要好的朋友。那年，我們都還是年輕小伙子，我陪他去體格檢查，操場上簡單搭起來幾個帳棚，三五成群的考生，結伴在帳棚外等候。那時的體檢簡單，量身高體重、以聽筒聽聽心肺等。眼睛的檢查較仔細，醫生翻看數據，然後問：「你是來報考空軍官校的？」「不是」，志勵低聲回答：「我考空軍機校。」「喔！你的視力很好，考官校也合格。」

下一間帳棚要檢查肛門。醫生叫志勵把褲子脫下，他順勢就蹲了下去。醫生覺得奇怪，說：「你這樣蹲著，叫我怎麼檢查肛門呢？」我頓時大聲地笑起來。走出帳棚，志勵在我耳邊低聲狠狠地警告：「你小子要是把剛才的事講出去，我就宰了你！」體檢順利通過。

放榜那天，我們一早就去了，他的名字赫然列在空軍官校的錄取名單上。我驚呼：「你報考的不是空軍機校嗎？」

「唉！」他露出笑容，說：「要是行的話，總該做個天上飛的吧！」事態嚴重，志勵的母親堅決反對兒子當空軍飛行員，認為那個職業太危險了。我問他：「你做了手腳呀！回頭怎麼向阿姨交代？」「筆試前改了報考志願。沒問題，老娘那邊我擺得平。」

我們叫志勵的母親阿姨，從有記憶開始，阿姨和我媽就是好朋友，兩家小孩是一塊長大的。阿姨早年失婚，工作不穩定，帶著兒子志勵到處奔走。志勵一直換學校念，他的數學和英文的基礎功夫就不紮實。他常把English說成「陰溝流水」，感嘆自己陰溝裡的流水總是不通，應該多掏陰溝才行。

後來阿姨再嫁，志勵才穩定地在一所工職讀土木科。測量是他最喜歡的科目，畫出來的測量圖，漂亮到能藐死人的。大學聯考這一關不容易過，志勵沒考好，分數較差的正是英文和數學。我們私下討論過，安下心來好好上個補習班，猛掏陰溝，明年重考一定沒問題。阿姨有一天同她先生商量；提出能不能讓志勵上一年補習班？做繼父的面色嚴肅，從頭到尾不搭腔，阿姨也不好再提了。

記得那天下午，我和志勵在路邊攤吃完福州餛飩麵，然後在街上亂轉，他突然爆跳如雷地大叫：「媽的臭！媽的臭！……他也配！」我完全知道他為甚麼發火，但是又能怎麼樣呢？我問：「你打算怎麼辦？」

「考軍校，不相信自己走不出一條路來！」志勵同他老娘商量要投考空軍官校，阿姨急到發狂，跑到我們家來向母親訴苦，又拉住我說：「你和志勵是好朋友，叫他千萬別去幹那種最危險的職業，我只有這麼一個兒子耶！」然後阿姨就淚崩不已。母子達成協議，只准考空軍機校，可是後來阿姨怎麼又同意兒子上官校，詳情就不太清楚了。

我一直認為要志勵補習的事遭到拒絕，是阿姨的時機沒掌握對。他們夫婦都愛打麻將，經常來我們家搓八圈，而且搶著上桌。那天家中只有一桌，阿姨在一旁看了四圈的歪脖子胡，大家站起來搬風，她先生並沒有讓賢的意思，正要在北風位子坐下，阿姨忍不住了，一個健步竄上去，順手將北風座的椅子往後一撤，她先生不察，一屁股坐下，當場摔了個四腳朝天，大屁股蹲。他站起來滿臉通紅，不發一言到玄關穿鞋子回家了。阿姨若無其事地坐下來搓麻將到半夜。得來消息，「屁股蹲」事件發生後第二天，阿姨就提出要志勵上一年補習班，人家還在氣頭上呢！自然談不下去。

志勵在空軍官校得其所哉，教官們認為他是個天生的飛行員，反應快、學習認真、表現優異、再難的技術他一上手就到位，人緣又好。他們在官校學的是啥，我搞不清楚，但是這些臭小伙子放假出來耍，就滿罩的。你看嘛，一個個身材筆挺，制服耀眼，戴上最時髦的墨鏡，每位的舞技都有兩把刷子，會說會玩會鬧，在任何派對裡，女孩子就對這批傢伙另眼看待。什麼國立大學電機系的學生，見了美女訥訥不能言，下場跳舞四體不勤，還經常踩到女伴的腳，很遜。那陣子常跟著官校的帥哥跑舞會，如果碰上洋妞兒，我才派上點用場，他們靠我翻譯。空官帥哥們的「陰溝」，多半不通。

畢業典禮那天，志勵和他老娘在一架銀光閃閃的最新戰鬥機旁合影，勁風吹散了他老娘的頭髮，老娘笑得燦爛，志勵的嘴角略略翹起，得意又鎮靜自若。他以後就要飛這種戰鬥機了。

我在ＸＸ大學女生宿舍門前枯等半個多小時了，漂亮小姐出席舞會前，總要用心地打扮起來，男伴必需在此刻展現過人的耐性，以示效忠。一位穿短筒皮靴的空軍帥哥在我眼前晃過，追上一步看去，可不就是志勵，他看到我「盛裝」的模樣便止不住笑彎了腰。我問：「你約了誰？」

「等下子你就見到了。怎麼又穿這件香港衫，今年已經不流行了。」

「你這雙靴子怎麼搞到的？很屌耶！給我也來一雙怎麼樣？」

「甭想，這種靴子特別貴，替我省幾個錢吧！你應該先整頓一下你的上衣和褲子，這條褲子的顏色眞垮，也太短。」然後他看著我，又笑得直不起腰來。

我感覺自己是個上不了檯盤的老土。一位青春艷麗型的美女，笑吟吟地快步走出來，志勵迎了上去。不用介紹，我已知道了，她是本校的僑生之花。心中暗罵：志勵憑那一點，撈過界也撈得太狠了點吧！那一天我去告訴僑生之花，這位空軍帥哥的「陰溝」是不通的。

志勵告訴我，他與僑生之花的發展不錯，開始他還鉅細靡遺地講他們去了哪裡，趁機會做過哪些肌膚之親的細節，後來再問，他就來個微笑而不答了。還帶她去見過老娘。「你老娘怎麼說？」「她沒說甚麼。」那女孩是一朵花，當然就招蜂引蝶的，與志勵競爭的對手有好幾個，還有他們同一個隊上的飛官兒，戰況激烈而膠著。沒多久，志勵入選爲「雷虎小組」第二隊，調到南部基地訓練，忙到不行，與僑生之花的關係隨之冷卻下來。

接到志勵從南部寄來的一封信，字跡潦草。頭一段是好消息，上個月他已晉升空軍上尉，在同期同學裡面爬得算快的。下面是壞消息：最近摔傷了，正在ＸＸＸ醫院休養，所以字寫得像狗爬的一樣，這事千萬不能讓老娘知道。我搭車南下，剛踏入病房，就被他的模樣給嚇壞了。紗布重重包起他腫起來的腦袋，頭幾乎和他肩膀一般寬。左眼嚴重淤血，門牙少了一顆半。

「不要嚇到跟孫子一樣」，他說：「腫已經消了很多，前天我那個模樣才叫不能看哩！」爲了在地靶射擊項目上得高分，他飛得太低，射擊距離過短，地上的石子反彈回來砸進飛機擋風板，再擊中他的頭部。鎮靜地做好緊急安全降落，然後他就人事不醒了。

「以後還能飛嗎？」我問。「不知道」，他神情落寞：「醫官說我的傷勢不太要緊，就看眼睛的視力能不能恢復，以後再測試。」「要不就辦個因傷除役」，我建議：「你們不是有免考進入國立大學的辦法嗎？去讀台灣大學土木系嘛！到工地測量，繪制測量圖，泡妞兒，太好玩了。」

志勵側耳傾聽，未置可否。「不過

你如果下個學期才去讀台大」，我說：「你就是我的學弟了。」「我成了你的學弟？滾一邊去吧！」這時候，走進來兩位中年軍官，前面那位的聲音宏亮，他說：「秦志勵不要怕，我也被地靶石頭砸到過。」「指導官，我沒在怕。」

指導官脫下帽子，指著他額頭上兩吋來長的傷疤。他說：「你看看它砸得有多深，但是我堅持要繼續當天上飛得，這得先克服心理障礙，才能飛下去。你要是心裡老有個疙瘩，趁早不用想了。唉！國家培養一位優秀的飛官兒不容易。你好好安心養傷吧！」「謝謝指導官關心，我會很快好起來的。」

兩個多月後，陪志勵哥去看他老娘，他的頭還微微的有點腫，門牙也來不及補。阿姨一見到他就驚呼：「是撞到什麼瘟神了，臉腫成這樣子。啊呀！門牙也少了兩顆！」志勵哥含混以對，說是打籃球不小心摔了一跤。阿姨立即就相信了，然後不斷地碎碎念；又不是小孩子，打球好玩嘛！何必那麼拚命，摔成這副醜樣子，還好沒有傷到眼睛鼻子，破了相又得去做手術……。

志勵哥當然沒有退役，在他的生活環境中，優秀飛行員得到最多的尊敬和獎勵，讀大學一切要從頭開始，充滿了未知數。他的視力恢復正常，便再度執行飛行任務，又加上特技訓練，以後就經常幾個月都不來台北混了。某日向我招認，他在南部交了個新女朋友，感情挺好的。「是嘛！」我不經意地說：「打多少分？」他怒沖沖地瞪我一眼，說：「喂，人家認眞地在同你講耶！瞎扯蛋我就不說了。」

這回可不是開玩笑的，我看了幾張照片，她臉蛋清秀，眼睛細長，笑起來情切切的媚氣逼人，身材無法挑剔，她就是他的正主兒。兩人幾天見不到面，就思念得纏纏綿綿，情書上寫滿了唐詩句子，多半是李商隱的絕句：碧海青天夜夜心、蠟炬成灰淚始乾、何當共剪西窗燭，卻話巴山夜雨時、穆王何事不重來？……

▶家隆（志勵）哥結婚照。

乖乖，這是何等境界，愛情能美成這樣，簡直叫人忌妒、痛恨致死！志勵恐怕只有束手就擒了。「結婚吧！」我說：「最好在我出國之前，我還可以混個伴郎幹，租套禮服穿上過乾癮。」阿姨沒意見，只要兒子喜歡就好，女方家長卻全力反對。理由是飛官兒不安全，不希望女兒命苦做寡婦。父母愈反對，這對鴛鴦的愛心愈堅牢，他的女友曾憤而離家出走了一段很長的時間。

我匆匆出國留學，臨行前沒來得及和志勵通電話，那年月打個長途電話到南部也是件麻煩事。到了美國，偶爾與他通航空郵簡，互報近況。從信件中陸續得知，志勵終於結婚成家，緊接著生了一兒一女。寄來一幀他們的全家福照片，神仙眷侶抱著一對叫人愛死的金童玉女，簡直美呆了。

志勵一連來了好幾封信，最近又升了一級，官拜少校。上面派他飛新戰機，正積極準備去美國受訓，大概會在新大陸待上半年。這陣子他猛掏「陰溝」，就怕到了美國，開口講話人家聽不懂，都是少壯不努力呀！我回信：自以爲英文還算過得去，我下飛機一開口老美都會說：請再說一遍。別擔心，混一陣子對話就行了。很期待在美國重逢，又可以一起混混鬧鬧，其樂何似？我在這邊的糗事兒可多了，見面再仔細說。

幾個月過去，還是不知道他來美國的具體日程。母親寄來家書，信中提到志勵哥駕機出任務，然後就沒有回來。他媽媽的情況非常不好。接到消息，胸中痲痺，呆滯沮喪到無法自處良久：爲甚麼這種事情會發生在志勵身上，他美麗的妻子、叫人痛愛的女兒、小兒子以後怎麼辦？老娘怎麼承受得起那份永遠無法休止的椎心之痛？試著寫封信給阿姨，每次都寫不下去。

數年後，意外地接到阿姨給我的信：「小方：你知道阿姨是不太會寫信的，可是我求求你一定要幫這個忙，你媽媽告訴我你常跑大陸，同那邊的關係好。下次你去的時候，千萬要替我好好打聽，你志勵哥是不是飛到他們那邊去了？如果他眞的過去了也好，大概暫時不能同我聯繫……現在我每天就這麼盼望著！。」

在大陸託了重重關係打探這件事，得到的答覆：沒有這項飛過來的紀錄。阿姨又來信告訴我，她的兒媳婦改嫁，帶著孩子們定居美國了。阿姨也準備離開這塊傷心地，趁著身體還好，也能吃苦，不如去美國闖一闖。她眞的就一個人來到美國，在紐約市唐人街血汗車衣廠中打工、替人當保姆，十多年後建立起經濟基礎，將女兒老公都接了過來。阿姨赤手空拳、咬著牙打出一片天來，她一句英文也不會講，根本沒有「陰溝」。我最佩服的現代英雄就是阿姨。

有一年，我去紐約市看阿姨，老人家頭髮全白，精神還很健旺。她記得我的生日就在這幾天，見面就掏出一個紅包塞過來。我說：「阿姨，我都這把年紀了，您還來這一套，無論如何也不能收。」阿姨兩眼一瞪，目光炯炯地說：「你再大也還是我的孩子，我看著你長大的，給我拿著！」

一生蹉跎，四十多年轉眼過去，今天終於來到墓地。

志勵哥一直就蜷伏在這塊小地方？絕對不會，咱們的帥哥兒飛翔技術超群，他是《二〇〇一太空漫遊》那部電影中的宇航員，多次在宇宙太空中翱翔盤旋，穿越無與倫比的燦爛時空。

當晚我打長途電話給阿姨：「阿姨，我去了空軍公墓，和志勵哥講話了。」

「那眞好喔！你有沒有告訴他我身體還行，就是腿不聽使喚了，出門得坐輪椅。但是不用擔心，反正我一切都交給了主，感謝主……。」「嗯，是的、嗯嗯！」

剎那間，往事一一湧現，視線逐漸模糊了，淚珠子便成串地落下來。眞的老了唷！有一天，我們終於又會同在一起，聽他對我老土打扮的嘲弄，我就揭發他那條「陰溝」，一直還在嚴重地堵塞著。

歷史與人物

陳籙與留法生學潮

陳勇健

陳籙（一八七七－一九三九年）是中國近現代史上，被歷史洪流與政治因素埋沒的外交家。由於仕在晚清、北京政府時期，①並出任過日本傀儡政權「中華民國維新政府」外交部長，遭遇暗殺身亡。陳籙一生事跡因此留下嚴重污點，後世至今也未能給予平允的評價，乏人問津，其外交成就亦因「漢奸」評價而遭到一概否定。

本文主要運用官方一手檔案、文獻史料作爲依據，進行相互比對分析，探討陳籙在駐法時期所面臨的政治事件和外交交涉，其中最爲稱著的是法國的留法學生學潮與「拒款運動」背後那縱橫交錯、撲朔迷離的過程。本文嘗試以檔案史料，再透過報刊、雜誌報導和輿論，以及回憶錄、年譜等來加以補足和對證，意圖還原這場事件的歷史眞相，爲事件中一貫被抹黑的北京政府與外交人物辯護，肯定北京政府在外交上的努力。

謹愼處理留法生學潮

一九二〇年九月十七日，北京政府前外交次長陳籙被任命爲駐法公使。②

▶陳籙。圖片來源：《中國名人錄》，第三版，一九二五年。

時逢歐戰後法國爆發嚴重經濟危機，四年戰爭使該國在精神與人力兩方面都瀕於破產，財政形勢一蹶不振。戰後的國內預算赤字以及大量外債，引起物價上漲，導致通貨膨脹。③以上種種因素，導致半工半讀的勤工儉學生就業不易，生活面臨困境、貧病交加。④

一九二一年一月二十二日，陳籙抵法就職，⑤不久即碰上勤工儉學生學潮。二月二十六日，旅法學生派代表兩人往公使館向陳籙要求臨時維持辦法，談判結果是在校學生暫時維持，以及候工同學暫時入校。惟巴黎學生和各地代表開會與第三者談判之結果，是請使館向政府請求每人每月四百法郎，四年為限；以及里昂大學、比利時沙勒羅瓦勞動大學無限開放任學生自由入校。

二十八日，四百多名勤工儉學生在巴黎示威遊行，推派蔡和森（一八九五—一九三一年）、向警予（一八九五—一九二八年）、趙世炎（一九〇一—一九二七年）、王若飛（一八九六—一九四六年）等十人代表晉見陳籙請願，要求解決工作、求學、發放救濟金等問題。「陳使中立，脫帽，向園中學生演說」⑥，「已允理科將全體送進學校，並允四百元一月維持三月，靜待北京政府回信關於善後辦法。同學怕『公使滑頭』，不肯讓步。有叫『打』者！」⑦。雙方爭持不下，陳籙身陷重圍，引起法警干預和暴力驅散。這起示威即新民學會出身⑧的一眾人所主導的「二八運動」。⑨

外交部三月三日復電慰勉陳籙，並擬定善後辦法，會同北京大學校長蔡元培（一八六八—一九四〇年）辦臨時救濟，由巴黎中國銀行略挪款項，令學生代表開履歷表，願回國者等候遣送，否則政府不資助學費。⑩二十五日，陳籙電告留法學生經蔡元培極力勸慰，暫停激烈舉動，惟缺乏款項而不得已向法國銀行借款五十萬法郎。⑪四月，再電外交部臨時救濟留學生難為繼，法政府願捐十萬法郎，惟教育部覆請暫勿收；隨後國務院允許，並電復陳籙應將學生安置，暫勿遣送回國，可免中途廢學。⑫

一九二一年五月，「中法友誼會」為緊急救濟事務開始建立「中法委員會」，支持機關包括法國外交部、教育部、商業部、工務部，以及中國駐法公使館和駐巴黎領事館等；行政會議必須各派代表出席，再由東方匯理銀行、巴黎銀行、法比銀行和鋼鐵工業聯合會各派代表一人。陳籙出席了十四日的第一次會議，中方代表尚有鄭毓秀（一八九一—一九五九年）、⑬朱啓鈐（一八七二—一九六四年）之代表、蔡元培之代表、中國公使館參贊王正之（生卒不詳）、駐巴黎總領事廖世功（一八七七—一九五五年）、副領事李駿（一八九二—一九四八年）、華法教育會代表李廣安（生卒不詳）等；會議

◀朱啓鈐。圖片來源：《中國名人錄》，第三版，一九二五年。

決定陳籙爲委員會主任，法方代表的外交部代表、中國留法生監督卜拉底（E. Bradier，生卒不詳）。

陳籙在捐款收入報告後起立致詞和致謝，支出報告由王參贊報告，報告證實北京政府確實匯了五萬大洋（折合三十萬法郎）救濟學生，朱啓鈐的赴法考察團亦捐出五萬法郎等，外加法國外交部的十萬法郎、東方匯理銀行的五萬法郎；此外小額捐助見賬目中，所收總數爲五十五萬六千五百八十法郎。惟人數日增，僅能充當臨時救濟。⑭

爲了解決當下困境，中法雙方於七月八日簽訂合同組成「中法大學協會」管理中法大學機構，將總部設在里昂大學。中法大學協會名譽會長中法各一人，分別由中國教育總長與法國虹江（Rhône–Alpes）省長擔任；並設名譽董事會中法各若干人，中方董事有陳籙等。⑮

借款謠傳與中法實業銀行事

一九二一年六月，有謠傳指北京政府特派專使朱啓鈐、前財政次長吳鼎昌（一八八四—一九五〇年）⑯赴法替大總統徐世昌接受巴黎大學榮譽博士學位，涉嫌借救災之名向法國借款三至五億法郎購買軍火等用途；條件是以全國印花稅、驗契稅作抵押，滇渝鐵路建築權與全國實業購料權作交換。消息一經傳出，旅法學生和僑民、華工等六團體即組成「拒款委員會」，發動聲勢浩大的「拒款運動」。⑰

▶徐世昌。圖片來源：《中國名人錄》，第三版，一九二五年。

事實上，國內確有直隸、山東、河南、山西、陝西等省分爆發旱災，⑱外交部隨之向督辦賑務處提議發起加稅助賑委員會，以期盼各國公使贊助。⑲一九二一年一月二十六日，北京政府曾以賑災借款合同照會四國銀行，法國駐京代使慕古海（M. Maugras，生卒不詳）認同該願，望能早日實際救濟。⑳內務部再於五月七日擬定《全國防災委員會章程》，經國會議決照辦，指定「查海關稅附加一成，原估計一年所入約可得七百萬元，除因賑災借款指抵四百萬元外，尚有贏餘可供提用，茲即以此項附稅未經動用之款作爲防災基金」。㉑

再者，巴黎大學授予徐世昌榮譽文學博士學位亦屬實。一九二〇年十一月八日，巴黎大學監督會議經法國前總理、巴黎大學中國學院（Institut des Hautes Etudes Chinoises, IHEC）院長班樂衛（Paul Painlevé, 1863–1933）經遠東歸來報告委託任務後，全體一致授予徐世昌學位，以感謝其協力創辦中國學院之貢獻；十二月十九日，外交部特派朱啓鈐爲代表赴法收受。㉒一九二一年七月二十三日贈授學位典禮當天，陳籙以法使身分出席，席坐在巴黎大學校長兼主席阿拜爾（Paul Appell, 1855–1930）左邊；朱啓鈐代表接受學位證書、博士服章、鑄金徽章，並致答辭，陳籙、班樂衛相繼上台發表演說。㉓

借款懸案的背後，與中法實業銀行（Banque Industrielle de Chine）該年六月倒閉一事有關。該行除了對中國有主要借款（浦口工程、欽渝鐵路），還包括保商銀行轉賬、留歐學費借款、展付利息、墊發軍餉等；該銀行一共負債六億餘法郎，遠東就占了四億法郎，由於關乎中法兩國利益，兩國希望銀行復業。㉔法國同時正研究退換庚款辦法，以竭力拯救實業銀行。㉕七月七日，陳籙電告北京政府，該銀行巴黎本部董事變更，正著手整理賬簿。㉖

七月三日，陳籙電外交部，指法國華人反對借款風潮頗烈，查中法實業銀行未倒時，銀行團改組計劃書內曾有借款一層，惟吳鼎昌復電已推絕撤銷。四日，再電詢外交部有關法報所刊載，法代辦六月三十日原電宣佈內有條件三款，遭到中法華人各團體責問，本身始終也未從北京方面得知消息。㉗三十日，外交部轉交陳籙二十二日電文，稱旅法、旅英各界開會一致反對新借款維持實業銀行之議，請財政部看重民意，打消此意。㉘九月九日，外交部確實電告，財政部復稱並無以該借款維持實業銀行之事。㉙

另外，陳籙爲爭取留學生款項不遺餘力。六月二十八日，法國已決議次年一月起將退還庚子賠款，以充中國留法生教育經費。㉚陳籙七月十一日電外交部，法國外交部面稱商議西南關餘，特允中國政府撥二十萬元處理留法儉生事宜，以便學款能維持到八月，應請中國政府將該款悉數。㉛二十九日再電外交部，針對擬向法政府聲明退款之一部分，可否定專充留學生之用，應指定若干數目均乞商妥；惟八月二十五日外交部復電，爲庚賠一事明定用途尚待考，以提出資助學生作爲條件，但不能限言數目。㉜

惟學潮卻愈演愈烈，「拒款委員會」於八月十三日在巴黎哲人廳召開「拒款大會」通過《拒款宣言》，宣讀發起者周恩來（一八九八—一九七六年）起草的借款眞相報告。當日陳籙未克出席，派使館一等祕書王曾思（生卒不詳）、二等祕書沈覲扆代表解釋，稱借款簽字毫無證據，公使館始終未聞、法報未見登載。大會隨即通過兩條議案：一、公使即向法政府聲明反對借款並更正解釋，若屬實則全館職員辭職以謝國人；二、以後凡中法借款事，應交由留法各界所組織的「外交委員會」審議，得其同意，方可執行。

王曾思會後贊成簽字，㉝當即照原議繕寫兩份，另一份帶交陳籙簽字；㉞此舉卻弄巧反拙，開罪法國教育、外交當局結合實業界組成，旨在救濟儉

▶周恩來。

學生的「中法監護中國青年委員會」（Comité Franco-Chinois de Patronage des Jeune Chinois en France）宣佈停發維持費，使巴黎學生再度面臨困境，㉟其後更導致儉學生過激行爲，十月發起呼籲開放里昂中法、中比大學的「進軍里大」運動，強占里大而引發法政府驅逐和逮捕，以致一〇四名肇事的左派學生被遣返回國。㊱

進軍里大事件的先發者百餘人有趙世炎（一九〇一—一九二七年）、蔡和森、李立三（一八九九—一九六七年）、李維漢（一八九六—一九八四年）、陳毅（一九〇一—一九七二年）等人，其中趙世炎爲里昂指揮者，周恩來則坐鎮巴黎；中國公使館副領事李駿出面調解時，即與周恩來談判。㊲以上諸發起人，均爲中國共產黨草創期的「旅法共產主義小組」成員。㊳學生進攻里大的激進舉動招惹里昂人士的不滿，以致里昂縣長前往法國外交部與陳籙商議，亦讓法國人對中國學生產生厭惡與恐懼，唯恐遭到排斥。㊴

學生衝擊里大遭到遣返一事，陳籙備受譴責和背負罪名，遣返學生認爲陳氏是爲了報復而陷害他們。㊵十二月，北京學生聯合會特呈外交部歷述陳籙「四大罪狀」，認爲陳籙剝奪私人求學權，並指因留學生經費無著落所以出此下策驅逐學生等，促請外交部撤銷其駐法公使職。㊶在此期間，甚至傳出陳籙向政府提出辭職，其眷屬準備於三十日由馬賽啓程回國的消息。㊷

北京政府力爭留學生撥款

十一月十六日，外交部密電華盛頓會議（Washington Conference）各中國代表，㊸稱法國代表團某祕書來訪，波

▶趙世炎。

及中法銀行借款一事，據云中國政府原提印花稅作抵，「法政府看重民意，現擬用法國名下庚款爲擔保，其用途爲一大部分救濟該行，餘充中法教育暨中國行政費用。此項辦法業由法財政總長商約，法總理同意，可望提出國會，猷先知中國態度」。㊹二十四日陳籙密電，與法外交部面商西南關餘據稱已撥到，惟報告正在研究，並告知各國政府對中國現在財政狀況，均甚願幫助，望法政府與美、義贊助並行。㊺十二月二十八日，法國下議院討論實業銀行問題，該政府建議以庚賠補救，多數表決同意；要求懲辦該行負責人等，法外交部祕書長於院內被攻擊而辭去。㊻

陳籙剛到任即面對衆多責難，但從外交檔案中不僅能看清事實原委，北京政府亦非所形容般的不堪入目。陳籙在面臨學生脅迫和謠言攻擊時，都竭力推動交涉，爲學生爭取利益。另外，朱啓鈐、吳鼎昌到法國商討借款之謠言，尚缺乏事實根據，卻經以訛傳訛，進一步醜化北京政府聲譽，連陳籙亦無辜被牽涉入內。㊼北京政府爲維持中法實業

銀行，與法政府達致庚賠退款方面的交涉，充作兩國政府指定中發實業之用，部分撥給中法教育事業。㊽

至於借款謠言的擴張，可能出自左傾學生領袖之手。譬如周恩來以筆名「翔宇」，曾於一九二一年八月一日的《新申報》發表〈中法大借款之內幕〉，文章開頭即暗示「今之執政者，既無生產之計劃與能力，財政枯窘，用途無窮，武人之供應尤繁，稍不如意，便遭呵斥」，直指朱啓鈐和吳鼎昌「其所藉口之事，爲救濟中法銀行之倒閉，蓋避新銀行團之質問也」；「因今日之北京財政當局固咸爲是類人之所盤踞，而王克敏（一八七六－一九四五年）㊾者，尤爲洋行買辦借款能源之尤也。北京財政當局既決意救濟中法實業銀行之名、行借款之實，於是吳鼎昌乃得偕朱啓鈐來」，並指朱氏曾於袁世凱稱帝時「以自來水借款、電車借款名義向該行借款供應，今番爲其出力謀救濟，當亦報昔日回扣之特惠耳」。其中也斥責陳籙「不惜將借款經過之內容宣佈著，蓋爲自己卸責地步耳」。㊿

▲吳鼎昌。

不難猜想，左傾學生欲利用學潮大顯身手，以動員留法勤工儉學生，製造更大的示威運動，充作鬥爭工作的實驗田。[51]部分遭受不公的左傾學生如任卓宣（一八九六－一九九〇年），甚至爲陳籙扣上「帝國主義的奸細」、「中國人民的叛徒——民賊」、「封建貴族的餘孽」、「法國帝國主義代辦」等多項污名；[52]以致一九二一年學潮結束後，還一度發生學生行刺陳籙事件。

一九二二年三月二十日，槍手李鶴齡（又名李合林，一九〇二－一九二七年）係法律留法生，爲報復被遣解同學之恨，輾轉爲鄭毓秀的祕書。當晚，鄭毓秀正舉辦生日宴會，陳籙偕夫人等出席寓所時，李鶴齡隨之向汽車開了三槍，雖未傷及陳籙，第四槍卻輕微擦傷熱那亞會議代表章祜（一八八〇－？）頸部。[53]李氏自首後，警方搜查他提包時，裡頭藏有手槍子彈六枚、一內貯四彈藥筒的木匣，以及列寧相片一張。而爲李鶴林辯護的留法界，批評陳籙是出賣學生、賣國的「安福賊」，稱是李氏是爲衆除賊，呼籲法國華人團體一致援助；美國留學生甚至爲李氏籌募訴訟費。[54]刺殺案後，陳籙欲請辭，惟外交部去電極力慰留，並電告將加派警察保護；四月，由於陳籙去信承審法官懇請寬恕，李鶴林於七月僅宣判監禁一年，罰金二百法郎。[55]

一九二二年秋內閣改組後，外交總長兼國務總理顏惠慶於六月二十八日向法使傅樂猷（Aimé－Joseph de Fleuriau, 1870－1938）詢問教育事業賠款佔百分之幾，傅使云「時難奉告，顏氏復：「此事當注意，須使中法兩政府及教育界均可滿意」，並且參照傅氏面送洋文節略，內載先繳四分之一。[56]中國銀行總裁王克敏亦擔憂庚賠無力應付教育基金，竭力向法國要求換回中法實業銀行東方存戶無利證券四億法郎，或取該行每年收入的三分之二即一千六百萬紙法郎（折合三百萬大洋）等。[57]中方認為，庚賠法國部分除去四釐債票，與中國政府應繳銀行股本所餘無多，希望將法政府發給遠東存戶金幣債票換回的證券，交給中國政府收受。[58]八月一日，《庚賠協定》於七月九日簽訂後，財政部將第一批款項率先撥給天津海軍醫學校、中法工商學校、北京大學新中法大學等。[59]

十月，陳籙電告救濟儉學生辦法，如學生成績優越者得以進入里昂大學或其他專門學校、高級學校，此外法政府已商定庚款中撥二百萬法郎充當學生經費，並交由華法教育會保管。學生每人將獲得每月津貼一百五十法郎，必要時亦可向該會再借款（一百五十法郎為上限，須三個月內償還）；失業學生每日暫可獲得三法郎以維持生計等。陳氏也試圖在巴黎加借十萬法郎，[60]以維持和救濟學生。此外，新內閣在王寵惠主持之下，再為留學生通過了十萬元（約十萬美金）。[61]

不過，次年九月陳籙電稱所收留法學費不足三萬元，僅敷回國學生船資，以十月為限應共計十五萬元，另外十二萬下落不明，疑遭人侵吞。[62]約半年前，北京已事先爆發拖欠駐歐各公使十個月的經費，陳籙等十名公使聯名去電催索，否則將辭職。[63]可以肯定的是，北京政府財政鬧荒因國內亂局正急速惡化。

透過本文發現，留法勤工儉學生發動的學潮，以及背後懷有政治推助下的謠言煽動，無論是北京政府和陳籙都受到很大的輿論衝擊和挑戰。然而，北京政府仍努力協助中法實業銀行復業，不僅保護了兩國利益，法國以退還庚款以充留法生教育經費，北京政府與陳籙都為爭取救濟留學生款項而勞碌待命，陳氏更因學生過激行為而差點賠上性命，但毫不歸咎於肇事學生，顯示其寬容胸襟。

注釋

①本文認同唐啟華觀點，認為「北洋政府」一詞帶有貶義而非嚴謹學術用語，而「北洋外交」來稱呼民初北京政府之外交表現意涵較為明確，故本文採用更為正式的「北京政府」以取代「北洋政府」。參見唐啟華，〈「北洋外交」研究評介〉，《歷史研究》，二〇〇四年第一期，頁九九。

②〈大總統令〉（一九二〇年九月十七日），《政府公報》，第一六五一號，一九二〇年九月十八日。

③皮埃爾．米蓋爾著，蔡鴻濱等譯，《法國史》（北京：商務印書館，一九八五年），頁五〇六─五〇七。

④陳三井，《旅歐教育運動：民初融合世界學術的理想》（台北：秀威，二〇一三年），頁六六；李璜，《學鈍室回憶錄》（台北：傳記文學出版社，一九七八年），頁六六─七〇。

⑤〈各國近事紀〉，《申報》，一九二一年一月二十四日，第六版。

⑥天一，〈留法勤工儉學生使館請願記〉，陳三井編著，《民初旅歐教育運動史料選編》（台北：秀威，二〇一四年），頁二〇六。

⑦盛成，〈海外工讀十年紀實〉，陳三井編著，《民初旅歐教育運動史料選編》（台北：秀威，二〇一四年），頁二一九。

⑧新民學會是一九一九年五四前夕由湖南師範生蕭子升（一八九四─一九七六年）、蔡和森、毛澤東（一八九三─一九七六年）等人於長沙所發起，為赴法勤工儉學運動急先鋒，會員中激烈分子大多走向

社會革命道路，成為中國共產黨最早、最重要之幹部。其中的大部分創始會員參與了「旅法共產主義小組」，積極參與勤工儉學生運動。參見陳三井，〈新民學會之成立及其在法活動〉，《近代史研究所集刊》，第十三期（一九八四年六月），頁六三；趙云云，〈中國共產黨旅歐組織的建立、稱謂與作用〉，《黨的文獻》，一九九六年第六期，頁七八。

⑨參見陳三井，《旅歐教育運動：民初融合世界學術的理想》（台北：秀威，二〇一三年），頁一五〇—一五一、一八〇—一八三。

⑩〈北京電〉，《申報》，一九二一年三月四日，第四版。

⑪〈北京電〉，《申報》，一九二一年三月二十六日，第六版。

⑫〈北京電〉，《申報》，一九二一年四月八日，第六版、一九二一年四月二十八日，第六版。

⑬鄭毓秀，一九一七年獲法學碩士學位，一九一九年被北京政府委任為巴黎和會中國代表團隨員，一九二五年被聘為中國駐歐調查委員。參見徐友春主編，《民國人物大辭典》（石家莊：河北人民出版社，一九九一年），頁一四八九。

⑭李璜，〈巴黎現存關於留法勤工儉學生救濟實況檔案摘要——學鈍室回憶錄第四章的補充說明〉，《傳記文學》，第二十三卷第四期（一九七三年十月），頁十六—十八。

⑮陳三井，《旅歐教育運動：民初融合世界學術的理想》（台北：秀威，二〇一三年），頁一二〇—一二一。

⑯朱啓鈐，北京政府初期曾任交通部總長兼代國務總理，其後改任內務總長、代交通部總長、京都市政督辦等。參見徐友春主編，《民國人物大辭典》（石家莊：河北人民出版社，一九九一年），頁二〇〇。此外，朱氏更曾於一九二一年四月私自捐贈五萬元救濟勤工儉學生。參見〈南方近事紀〉，《申報》，一九二一年四月十四日，第六版；攷察歐美教育團團員胡福康，〈歐美留學界之現狀談續〉，《申報》，一九二一年七月五日，第十版。

⑰同注九，頁一五一—一五二；〈外交問題與西南〉，《申報》，一九二一年八月十六日，第十一版。

⑱郭廷以編著，《中華民國史事日誌》，第一冊（台北：中央研究院近代史研究所，一九八四年），頁五五〇。

⑲〈加稅助賑委員會事錄送各使問答〉（一九二一年一月十五日），《外交檔案》，檔號：〇三—一九—一六〇—〇二—〇四四。

⑳〈中政府與四國銀行所簽賑災借款合同表示贊同由〉（一九二一年一月二十七日），《外交檔案》，檔號：〇三—一九—一六一—〇二—〇二五。

㉑〈我設防災委員會擬以海關附加稅未動用款為基金請向外交團提議見復由〉（一九二一年五月九日），《外交檔案》，檔號：〇三—一九—一六一—〇二—〇四五。

㉒

㉓林開明、陳瑞芳、陳克、王會娟編輯，《北洋軍閥史料・徐世昌卷九》（天津：天津古籍出版社，一九九六年），頁六六九、六七七—六七八；七一四—七一六。

㉔參見王樹槐，《庚子賠款》（台北：中央研究院近史所，一九七四年），頁三六七—三六八。

㉕〈轉財政部庚子賠款事〉（一九二一年七月二十九日），《外交檔案》，檔號：〇三—二一—〇〇八—〇一—〇一八。

㉖〈中法銀行變更〉，《台灣日日新報》，一九二一年七月十一日，第三版。

㉗〈旅法華人反對借款風潮事〉（一九七一年七月三日）、〈報載中國借款事〉（一九二一年七月四日），《外交檔案》，檔號：〇三—二一—〇〇七—〇三—〇一八、〇三—二一—〇〇七—〇三—〇一九。

㉘〈陳公使電詢中法借款事希查照見復由〉（一九二一年七月八日）、〈中法實業借款付息事〉（一九二一年八月二十五日）、〈陳使電請取消借款維持實業銀行之議由〉（一九二一年八月三十日），《外交檔案》，檔號：〇三—二一—〇〇七—〇三—〇二〇、〇三—二一—〇〇七—〇三—〇二八、〇三—二一—〇〇七—〇三—〇三〇。

㉙〈財政部並無借款維持實業銀行事〉

（一九二一年九月九日），《外交檔案》，檔號：○三—二一—○○七—○三—○三三。

㉚同注十八，頁五七八。

㉛〈儉學款事〉（一九二一年七月十一日），《外交檔案》，檔號：○三—四六—○○八—○一—○○三。

㉜〈法政府退還賠款可否以一部份充留法學生之用事〉（一九二一年七月三十一日）、〈退還庚款明定用途一節尚待考慮〉（一九二一年八月二十五日），《外交檔案》，檔號：○三—二一—○○八—○一—○二一、○三—○八—○一四—○四—○一六。

㉝根據當天參與「拒款大會」的勤工儉學生沈沛霖（一九○三—一九九二年）回憶：「王曾思上台講話中，言詞與留法學生發生衝突，在觸犯衆怒的情況下被毆，在壓力下，王被迫代表陳當場簽字表明反對借款。」沈沛霖口述、沈建中整理，〈我的留法勤工儉學經歷（一九二○—一九二六）（上）〉，《檔案與史學》，二○○四年第四期，頁三八。王、沈兩祕書當場遭學生毆打，於八月二十日均辭後奉外交部電慰留，但聲明絕不再過問僑學事。參見〈北京電〉，《申報》，一九二一年八月二十二日，第七版、一九二一年八月二十八日，第十版。

㉞同注九，頁一五二—一五三；〈公電〉，《申報》，一九二一年九月三日，第八版。

㉟同注九，頁一五二—一五三。

㊱陳三井編著，《民初旅歐教育運動史料選編》，（台北：秀威，二○一四年），頁十三；同注十五，頁一五七—一七八。

㊲李天民，〈周恩來在法國紅色生涯的開始〉，陳三井編著，《民初旅歐教育運動史料選編》，（台北：秀威，二○一四年），頁四一五。

㊳參見趙云云，〈中國共產黨旅歐組織的建立、稱謂與作用〉，《黨的文獻》，一九九六年第六期，頁七八。

㊴曾琦，〈勤工儉學風潮之擴大〉，《新聞報》，一九二一年十一月六日，收於陳正茂、黃欣周、梅漸濃編，《曾琦先生文集》，中冊（台北：中央研究院近代史研究所，一九九三年），頁八八九—八九一。

㊵〈回國留法勤工儉學生一百零四人通啓〉，《申報》，一九二一年十一月二十五日，第十六版。

㊶〈京學生請撤陳籙〉，《申報》，一九二一年十二月十九日，第七版。

㊷〈駐法日兩使有更動消息〉，《申報》，一九二二年一月九日，第七版。

㊸一九二一年十月六日大總統令公布中國出席華會代表名單，時任駐美公使施肇基、駐英公使顧維鈞、大理院院長王寵惠、廣東政府外部次長伍朝樞（一八八七—一九三四年）四人爲代表。惟伍氏始終辭職未就，所以全權代表實際僅有三人，尚包括其他團員一百三十二人。張忠紱編著，《中華民國外交史》（民國叢書第一編二十七）（上海：上海書店，一九八九年），頁三六六。

㊹〈中法銀行期票庫券及新借款案〉（一九二一年十一月十六日），《外交檔案》，檔號：○三—二一—○○七—○三—○三四。

㊺〈密件〉（一九二一年十一月二十四日），《外交檔案》，檔號：○三—○八—○一三—○二—○二○。

㊻〈法實業銀行事〉（一九二一年十二月三十日），《外交檔案》，檔號：○三—二一—○○八—○一—○三九。

㊼曾琦，〈李合林下獄之情形〉，《新聞報》，一九二二年六月二日，收於陳正茂、黃欣周、梅漸濃編，《曾琦先生文集》，中冊（台北：中央研究院近代史研究所，一九九三年），頁九五六—九五八。

㊽王樹槐，《庚子賠款》（台北：中央研究院近代史所，一九七四年），頁三六九。

㊾王克敏於北京政府時期，一九一三年曾任中法實業銀行董事，一九一七年任中國銀行總裁兼財政總長和鹽務署督辦。一九二○年起，兼任中法實業銀行總裁、中國銀行總裁等多職，亦數度出任財政總長。參見徐友春主編，《民國人物大辭典》（石家莊：河北人民出版社，一九九一年），頁五五。

㊿佚名，〈新發現的周恩來早期文稿兩篇〉，《黨的文獻》，二○○二年第一

期，頁十—十四。

51 參見李璜，〈中共在法成立正式組織的經過（一九二一—一九二三）〉、唐國英，〈周恩來在法國〉，收於陳三井編著，《民初旅歐教育運動史料選編》（台北：秀威，二〇一四年），頁三八七—三九一、四三三—四三四。

52 參見任卓宣，〈巴黎之被捕下獄〉，收於陳三井編著，《民初旅歐教育運動史料選編》，（台北：秀威，二〇一四年），頁四八三—四八四、四八七—四八九。

53 "Shoots at Envoy of China in Paris," *The New York Times*, March 22, 1922, p. 1；〈北京電〉，《申報》，一九二二年三月二十四日，第四版；盛成，〈海外工讀十年紀實〉，收於陳三井編著，《民初旅歐教育運動史料選編》（台北：秀威，二〇一四年），頁二二〇—二二一；李璜，《學鈍室回憶錄》（台北：傳記文學出版社，一九七八年），頁九二—九三。惟槍擊陳籙事件日期，郭廷以一書誤訂為三月三十日，見郭廷以編著，《中華民國史事日誌》，第一冊（台北：中央研究院近代史研究所，一九八四年），頁六二九。

54 參見曾琦，〈巴黎暗殺案之詳情〉，《新聞報》，一九二二年五月四日、六月八日、七月十八日，收於陳正茂、黃欣周、梅漸濃編，《曾琦先生文集》，中冊（台北：中央研究院近代史研究所，一九九三年），頁九四四—九五一。

55 〈陳籙遇刺後之辭職〉，《申報》，一九二二年三月二十七日，第七版；〈陳籙請寬恕行刺者〉，《申報》，一九二二年四月十五日，第六版；〈留法學生定罪〉，《申報》，一九二二年七月九日，第六版。

56 〈總長會晤法傳使問答〉（一九二二年六月二十八日），佚名編，《退換庚款事宜來往文件》（近代中國史料叢刊第十六輯）（台北：文海出版社，一九六六年），頁九〇。

57 〈靳志會晤王叔魯總裁記錄〉（一九二二年六月三十日），佚名編，《退換庚款事宜來往文件》（近代中國史料叢刊第十六輯）（台北：文海出版社，一九六六年），頁一〇三—一〇四。

58 〈發法博使節略〉（一九二二年七月五日），佚名編，《退換庚款事宜來往文件》（近代中國史料叢刊第十六輯）（台北：文海出版社，一九六六年），頁一四六—一四七。

59 〈發財政部咨〉（一九二二年八月一日），佚名編，《退換庚款事宜來往文件》（近代中國史料叢刊第十六輯）（台北：文海出版社，一九六六年），頁二六五。

60 〈陳籙報告救濟儉學生辦法〉，《申報》，一九二二年十月十一日，第六版；〈北京電〉，《申報》，一九二二年十月十三日，第三版。

61 C. Brandt、陳三井等譯，〈留法歸來的中共黨徒〉，收於陳三井編著，《民初旅歐教育運動史料選編》（台北：秀威，二〇一四年），頁五〇〇。

62 〈法比留學生待款孔亟〉，《申報》，一九二三年九月二十七日，第七版。

63 〈北京電〉，《申報》，一九二三年三月二十三日、二十四日，第四版；〈駐歐各使為積欠館費辭職〉，《申報》，一九二三年三月二十五日，第七版；〈財部鬧荒中之兩問題〉，《申報》，一九二三年四月五日，第六版。

歷史與人物

樂與怒：黃家駒的一生與Beyond的光輝歲月（六）

左安軍

叛徒與異軍

一九八六年初的一天，世榮給鄔林打去電話，他告訴後者，他剛剛在雜誌上看到一則關於「嘉士伯流行音樂節」的廣告。他打算組一支樂隊參加比賽，問鄔林有沒有興趣一起玩。鄔林顯得有些擔憂，他問世榮，難道這不會和現在的Beyond衝突嗎？①畢竟他們已經是一支有合約在身的樂隊，有自己的經紀人。不過接下來世榮的一番話，總算打消了鄔林的顧慮。

世榮對鄔林說，他只計劃組一支臨時樂隊去參加這場比賽，比賽結束立馬閃人。參賽的目的既不是爲了拿獎，也不是爲了拋頭露面，而是希望借此機會表達他們內心最眞實的聲音。一方面，他們實在非常渴望做不受拘束的現場演出（這在過去的幾年間就表現得尤爲明顯。兩年前，他們因爲瞞著經紀人做了一場洋相盡出的表演，導致第一份合約草草收場；兩年後，他們又爲了開專場演唱會，不惜傾家蕩產）。但另一方面，他們又有合約在身，所以這是最好的辦法。在世榮的遊說下，最後鄔林決定捨命陪君子，和他們參加「嘉士伯流行音樂節」的比賽。

「嘉士伯流行音樂節」起源於一九八五年，是由通利琴行和嘉士伯（Carlsberg）合作舉辦的大型音樂節，後者爲該音樂節的贊助商。音樂節的宗旨是「推動香港本土原創音樂發展，發掘樂壇新組合」。自一九八五年成功舉辦第一屆音樂節，隨後每年的八、九月分，音樂節都會如期舉行。在八〇年代中期遍地開花的音樂節中，「嘉士伯流行音樂節」無疑是影響力最大、滲透力最強的搖滾音樂節之一，它不僅對八〇年代中期香港興起的樂隊潮流起著推波助瀾的作用，也爲唱片公司發掘了很多優秀的香港本土樂隊。在成功舉辦十四屆之後，該音樂節於一九九八年宣布停辦，即便如此，它仍然是該時期持續時間最長的音樂節。

通過電話沒幾天，世榮就把新樂隊的全部成員召集在一起，準備開始爲比賽排練。在此之前，鄔林和馬永基（Ma Wing Kei）還從來沒有碰過面，不過鄔林對馬永基早有耳聞；然而，後者的形象跟他想像中的大爲不同。馬永基帶著一副眼鏡，看起來文質彬彬，但當他開腔試唱後，鄔林才發現眼前的這個年輕人魅力四射。馬永基曾和世榮一起組過樂隊，後來因爲他要前往紐西蘭留學，樂隊只好解散，多年後才回到香港。這次世榮能成功說服鄔林參賽的原因之一，就是因爲他得知馬永基將會擔任樂隊的主唱，正所謂百聞不如一見。新樂隊的另一位成員是阿Paul，他擔任主音吉他手。

就在世榮和他的新隊友排練當天，家駒也來到了他們所在的排練棚。家駒一進門就非常興奮，他笑道：「你們的音樂眞爆棚，像一臺正在啓動的高速啤機！」於是他提議將世榮等人的樂隊取名爲「高速啤機」。後來阿Paul回憶說，其實他對這個隊名有些抗拒，但最後他們還是採納了家駒的建議。

在比賽的這件事上，家駒、家強也沒有閒下來。這對如影隨形的兄弟和樂隊的兩位演出助理——李俊雲和黃卓誠（Jackson Wong）——當時他們分別跟著世榮和家駒學習，組成了一支名爲「Unknown」的樂隊，主唱由Jinly的妹妹潘先麗（Kim Poon）擔任。家駒和Kim第一次見面是在幾個月前「小島&Friends」的演唱會上，當時她是那場演出的現場助理。Kim記得，在高山劇場見到Beyond時，家駒第一個伸出手來想要和她握手，那時她只是一個十九歲的少女，還沒有和男人握過手。她戰戰兢兢地把手伸出去，象徵性地摸了摸家駒的手。Beyond和Kinn's簽約後不久，家駒就喜歡上了Kim，隨後二人墜入愛河，不過他們的戀情並沒有公開。

紙包不住火，家駒和Kim的親密關係還是被姐姐發現了。爲此，Jinly大發雷霆，她把家駒和妹妹叫了過來，教育了他們一番，好在她並未阻止二人的戀情，只是提醒他們低調爲好：經紀公司可不想讓外界獲知任何有關樂隊成員戀愛的事情，何況那時Beyond才踏入樂壇，音樂事業剛剛起步，一旦樂隊緋聞纏身，他們的形象將會大打折扣，對發

▲Unknown樂隊。

展前途極爲不利。

儘管Jinly默許他們在一起，但Jinly還是反覆警告家駒，叫他好好對待Kim。她對家駒說：「你千萬不要玩弄我妹妹！」「不是啊，我是眞的喜歡她。」②家駒對她的確情有獨鍾，樂隊三年後推出的《秘密警察》裡，那首柔情似水的《喜歡你》，便是在Kim的見證下誕生的。

Kim出生於香港，在西貢的調景嶺長大。她的祖籍是四川省江北縣（今重慶渝北區兩路鎮），母親是天津人，所以這個普通話和粵語都講得並不怎麼標準的姑娘，有著跟家駒差不多的身高。家駒和Kim剛認識時，很喜歡和她們玩耍，只要一有機會，他總是興致勃勃地去赴約。然而，玩耍的人總是結隊出行，他們根本沒有機會單獨相處。不過有一次，Kim明顯感覺到家駒對她另有意思。那是一個星輝交錯的夜晚，家駒大老遠跑到淺水灣和Kim的一群朋友玩耍，之後他們玩起了孩子的遊戲——老鷹捉小雞。Kim回憶說，家駒總喜歡跑到她的後面去捉她，有時候甚至還會抱住她。在接下來的日子裡，他們二人越走越近，並很快成爲情侶。

家駒是個夜貓子，喜歡深夜創作，其直接後果就是早晨根本爬不起來，因此他總是喜歡睡懶覺。除此之外，他還喜歡抽煙，特別是煙味很濃的那種；不過窮得叮噹響的他，只能和廉價煙相伴，雖然他偶爾也抽萬寶路（Marlboro），但這也只是領薪水時給自己的獎勵。家駒的這些習慣讓Kim有點難以忍受，好在他們相互理解，從未因此吵過架，家駒也不會對她發脾氣。

有時他們好不容易待在一起，家駒卻不會專心享受他們的二人世界，而是沉迷在吉他聲中。Kim不僅沒有因此大吵大鬧，反而還很關心家駒。她說：「我非常欣賞他，所以每當他彈上三四個小時的吉他時，我都不會去打擾他，我還會把水端到他手邊。」儘管如此，家駒的某些舉動還是讓Kim感動不已。有段時間Kim在一家珠寶店上班，每當她開始收拾櫥窗準備下班時，總會看到家駒站在外面等她。Kim說家駒雖然不是非常體貼，但她覺得很溫馨，他會講笑話哄她開心。Kim對家駒的音樂才華讚不絕口。她說，「他眞的很愛音樂，他是一個天才，但他是一個非常努力、非常努力的天才。」

在「Unknown」之前，Kim還組建過一支女子樂隊，除了她，另外幾名成員都是高中生。不過這支樂隊在一起玩了兩三次，就再無下文，因爲Kim比她們大好幾歲，她們覺得Kim總是在指揮她們。

對Beyond來說，「高速啤機」和「Unknown」只是兩支玩票性質的臨時樂隊，並不存在任何負擔；相反，他們還可以盡情地玩一把。有一次，世榮突發奇想，他在電話中告訴鄔林，他的一位朋友即將從日本返回香港，想請對方幫自己帶一個白色長髮髮套回來，供演出時使用。他問鄔林這個主意怎麼樣，是否需要多買幾個，到時大家都能派上用場。鄔林覺得這個想法很有意思，演出時一定會很刺激。於是，他當即同意了世榮的提議，不過他要的是紅色髮套。讓鄔林有些失望的是，世榮的朋友找遍了幾家假髮店，都沒有發現他想要的紅色髮套。但鄔林並沒有就此停下腳步，之後他找到一位設計師，爲自己定做了一個新髮套，不出幾天，就拿到了那個髮套。演出當天，這幾個既嚴肅又天真的大男孩，果眞將這一另類的造型搬到了舞臺上。

報名後不久，主辦方要求所有參賽的樂隊提供一組宣傳照，於是「高速啤機」的幾名成員又聚在了一起。鄔林戴著髮套敲開房門時，差點沒把阿Paul嚇個半死。鄔林記得，當時阿Paul非常驚訝地看著他，似乎並沒有認出他來。鄔林忍不住放聲大笑，然後報上自己的大名，阿Paul才反應過來，眼前戴著髮套的正是鄔林其人。接下來，排練棚裡就笑成了一團，他們都覺得那種裝扮實在太大膽了。而「Unknown」同樣也開始爲他們的新歌《Set Me Free》進行排練。這是樂隊特意爲比賽量身定做的一首情歌，詞曲均來自Jackson，編曲由家駒完成。在排練這首歌時，Kim很難將幾個音發準，認眞的家駒只好在一旁反覆教她如何演唱。

一九八六年八月三十一日，第二屆「嘉士伯流行音樂節」開幕，幾十支樂隊先後登臺亮相。由世榮、阿Paul、鄔林及馬永基組成的「高速啤機」，給觀衆表演了他們專門爲比賽寫的新歌。他們當天的表演非常出色，很快就征服了來自華納、百代，以及寶麗金等幾家唱片公司的評委，順利闖入決賽。接著，「Unknown」的五名成員也出現在聚光燈下，然而遺憾的是，樂隊的表現並不如意，演出結束就被淘汰出局了。

三個禮拜後的九月二十一日，十支決賽樂隊再次同臺競技，演出地點在灣仔區伊利沙伯體育館（Queen Elizabeth Stadium）。當天，「高速啤機」還是以上次比賽時的裝扮出現在觀衆面前，他們表演的是一首名爲《衝》的重型搖滾歌曲。雖然他們的出現，一度讓現場沸騰不已，但當評委們亮出計分牌時，他們的戲就結束了。即便如此，「高速啤機」還是引起了不小的反響，他們大膽的裝扮和帶有神魔色彩的歌曲，在此後的一段時間成爲人們茶餘飯後的談資。

一九八六年夏天，由著名導演潘源良（Poon Yuen Leung）執導的《戀愛季節》開機拍攝，片方找到了Beyond，希望他們出鏡支持，以便給劇情增加看點。潘源良同時還是一位塡詞人，他對Beyond的音樂頗爲欣賞，接到消息後，Beyond欣然接受了片方的邀請。在這部影片中，Beyond再次把《永遠等待》搬到拍攝現場。兩個月後，《戀愛季節》在香港各大院線上映，儘管Beyond在

▶伊利沙伯體育館表演場。圖片來源：伊利沙伯體育館網站。

該片中現身的時間不足一分鐘，但某種程度上還是爲樂隊帶來了一些名聲，他們也因此獲得不少關注。擔任該片主角的是「達明一派」的主唱黃耀明（Anthony Wong）——相較於組建時間，Beyond比「達明一派」早了兩年，但Beyond的發展卻頗爲曲折，「達明一派」則要順風順水得多。Beyond與「達明一派」的關係也頗有意思，他們一邊是很好的朋友，另一邊卻是音樂圈的競爭對手。

鑒於錄製處女專輯《再見理想》時缺乏資金，專輯中的《永遠等待》過於粗糙，加之一首樂隊看好且被視爲樂隊心路歷程的代表作卻反應平平，他們心有不甘。現在，他們不用擔負錄音費用，機會就擺在眼前，所以他們決定重錄《永遠等待》。

十月，Beyond開始錄製簽約後的第一張專輯《永遠等待》，Leslie擔綱監製。樂隊重新對《永遠等待》進行編排，然後又爲這首歌做了混音。他們計劃用新版《永遠等待》來攻占迪斯可舞廳，所以這首歌的形式被更改成節奏急促的舞曲（Dance Music）；同時在前奏和中段部分，他們加了一些哇音，效果看起來還不錯。除此之外，樂隊還修改了《永遠等待》的歌詞。《再見理想》專輯版本中的「獨自在街中／我感空虛……但願在歌聲可得一切／但在現實怎得一切」，以及一些比較激烈的歌詞，被他們刪掉了；取而代之的是「願望是努力，走向那一方」，歌詞一改以往的陰鬱，變得積極向上。不過這並不是樂隊的主意，經紀公司希望他們能以健康的形象示人，他們只好配合，否則他們的唱片將會遭受冷落。

家駒回憶說，在簽約早期，樂隊和經紀公司的溝通、合作，很多時候都是通過相互遷就來達成的，但他們還是不得不接受那些不理想的效果。雖然樂隊做出了不少讓步，但他們在吉他的混音上依然存在很多爭執——歌曲原來的版本帶有強烈的搖滾意味，但在混音時，這些元素都被大大削弱了。雖然如此，他們還是希望盡可能地多保留原味，在錄音這件事上，他們可不想受制於人。有時，趁Leslie不備，他們故意將吉他音軌推到最高，以獲取更大的音訊輸出。所以人們聽到的最後版本，音量都比較大。樂隊剛開始搗鼓出來的版本並不怎麼流暢，他們只好做一番細緻的剪輯，刪掉了一段過門，不過那段吉他的Solo還是被他們保留下來了。

與市場較量所需花費的精力和耐心，讓這幾個剛剛登上主流樂壇的年輕樂手顯得無所適從。對此，世榮十分感慨，他說：「當時我們的想法都比較單純，以爲終於找到了自己喜歡的音樂，能夠出版自己的唱片了，但當我們每張專輯都得做那些熱門歌曲交差時，就會非常厭煩。通常的熱門歌曲都比較商業化，我們真正想做的音樂，卻玩得一點也不盡興。每天都玩同樣的歌曲，自然就會厭倦。雖然那些歌都很好聽，但相比我們真正想做的，還是兩碼事。」③

在錄製新《永遠等待》前，樂隊接受了一家媒體的採訪，家駒向記者透露，這張新專輯與上一張自費專輯將會存在很大的差異。他說：「專輯內的歌曲，和《再見理想》內的相比，自然是會有所變化，但至於變成什麼樣子，很難說。我們都覺得以前玩的音樂有點久了，所以我們希望嘗試一些新的東西。」④

《金屬狂人》寫於幾個月前，歌詞出自世榮之手，原版是不折不扣的重金屬風格，前奏由阿Paul用電吉他演奏代替原爲小提琴音色的哀傷旋律，然後樂隊再以重型搖滾跟進，以此形成一種巨大的反差，從聲音和意境上實現他們眞正追尋的搖滾。Leslie對這首歌興趣頗深，在他的建議下，樂隊決定將其重新收錄在新專輯中。Leslie的建議讓家駒感到有些意外，他非常擔心這首歌給樂隊帶來負面影響。一方面，這首歌中諸如「獸性大發是我像狂人」之類的描寫，會讓人想入非非；另一方面，如此重型的音樂可能很難被市場接納。果然，進入錄音室後，樂隊突然改變了想法，他們隨即修改了這首歌的編曲，將其改爲五〇年代美國流行的鄉村搖滾（Rockabilly）。不過，在一九九一年「生命接觸」演唱會上，樂隊彌補了《永遠等待》中的遺憾，將《金屬狂人》徹底恢復成原版的面貌。

一篇關於這張新專輯的樂評如此寫道：「現場版本的《金屬狂人》比錄音室版本好得多，主唱的火力不足，最重要的前奏部分又不是重金屬式的節奏組合，讓歌曲變得三不像；鼓聲部分還算不錯，只是錄得比正常輕了些，尾段的吉他Solo倒還像樣。」即便如此，這篇樂評還是對他們不吝溢美之詞，稱他們「是一支充滿誠意而又眞正有分量的樂隊，」至少比那些玩中文Boat Music的投機組合，更値得期待。

正如那篇樂評所言，世榮對《金屬狂人》中的擊鼓部分也頗爲滿意。「《金屬狂人》的前奏是我提議用古典樂章去做的，這種形式能呈現出一種淒慘、痛苦的感覺，和這首歌的內容十分吻合。」這是世榮主刀最多的一首作品，他說這首歌「描述了一個年輕人在受盡社會壓力之後，試圖用激烈的方式去發洩自我的故事。」

除了重錄的《永遠等待》和完成於一九八六年初的《金屬狂人》，家駒還爲這張EP寫了三首新歌，分別是《Water Boy》、《昔日舞曲》以及《灰色的心》。

《Water Boy》的小樣錄完後，家駒將它交給了樂隊經理。隨後，Leslie將小樣放進卡帶試聽，在試聽的過程中，Leslie說，他能明顯感覺到這是一首帶有強烈披頭四色彩的作品，於是他建議家駒插入一段口琴，作爲這首歌的引子。這對Beyond來說毫無壓力，因爲家駒正好也會吹奏口琴。在幾個月後的「'86 Pop Rock Show」（八六流行搖滾秀）上，家駒便展示了他那全能的音樂才華，將吉他、口琴和長笛統統演繹個遍。除此之外，樂隊經理還建議加入一段木吉他，家駒也照做了。

有意思的是，關於《Water Boy》的創作靈感，家駒與Leslie說法不一。《永遠等待》上市當天，Beyond和幾支樂隊在香港浸會大學會堂舉行了一場小型演出。就在《Water Boy》表演結束時，家駒向觀衆透露了「Water Boy」的由來。他說，這首歌的歌名出自臺灣作家白先勇的小說《寂寞的十七歲》，歌曲講述了一個整天遊手好閒的年輕人，始終無法找到生活的位置，但又不甘心向現實妥協的故事。

二十年後，Leslie回憶說，家駒曾向他提及，《Water Boy》的創作靈感來自英國樂隊「The Waterboys」。當時歌詞寫好後，似乎整首歌曲與「Water Boy」毫不相干，樂隊也無法找到適合的方式為歌曲命名。家駒將歌曲的創作背景告訴Leslie後，在樂隊為歌曲命名犯難的情況下，後者建議直接將歌曲命名為「Water Boy」，而且在錄音開始時，劉志遠在歌曲前奏錄入了「Water Boy」。這樣做顯得有些牽強，家駒猶豫了，但後來經紀人反覆和他們溝通，他告訴家駒，從來沒有人這樣嘗試過，讓樂隊嘗試一下又有何不可。聽過Leslie信心十足地鼓勵後，最終家駒打消了疑慮。無論《Water Boy》的創作靈感和命名來自何處，都可以看出樂隊對同代青年內心衝突的捕捉才能。某種意義上來說，這也是他們的眞實寫照。

劉志遠在新專輯中，也開始發揮他的音樂才能。家駒安排劉志遠參與《Water Boy》的編曲，並建議他獨自完成自己的那一部分，於是劉志遠在這首歌中加入了大量的吉他Solo。劉志遠表示，《Water Boy》是他最喜歡的歌曲之一。他說：「這首歌描述了當下部分年輕人，一邊對自己的理想搖擺不定，一邊又無法向現實妥協。可能是由於年齡關係，我對他們的心態比較清楚。」

經過幾年的歷練，Beyond的幾名成員都變得成熟穩重了許多，尤其是當他們走上職業樂手的道路後，樂隊的格局也發生了巨大的變化，他們的心態比以往開放很多。儘管他們曾經為要不要把最初的音樂理想堅持到底而苦苦掙扎，但現在他們顯然不會那麼狹隘地認為，只有堅持另類的道路才能做出傑出的音樂來，如今他們已經不在乎樂隊是什麼風格，他們不想畫地為牢，將樂隊框定在一個狹小的音樂空間。家駒在一次採訪中，表達了他新的音樂美學觀。他說：「一個音樂人很多時候根本就不清楚自己做出來的音樂將會是怎樣的風格。因為一旦他滿足於某個階段的風格，就會被這個所謂的風格所局限，然後不斷地重複過去所做的東西，以至停滯不前，絲毫沒有進步。」⑤

此後，Beyond開始做出更多新的嘗試，與其他的樂手展開合作。寫好《灰色的心》的曲子之後，家駒將填詞的重任交給了家強，沒過多久，家強就宣布完工。樂隊在《灰色的心》這首歌中加入了電鋼琴，這是他們第一次使用這種樂器，所以這對他們來說是一次頗具意味的突破。樂隊不想繼續在三大件裡當困獸了，而且他們還邀請了另外的樂手前來助陣。進錄音棚錄製《灰色的心》當天，小島樂隊的鍵盤手孫偉明和他們並肩工作，為這首歌彈奏鋼琴。

雖然家強說《灰色的心》描寫了「一個生活在刻板社會中的人，企圖通過幻想去逃避現實」的故事，但不難發現，這是一首回望與自勉之歌。主人公力圖擺脫那種抑鬱、冰冷、黑暗的心境，走向飄逸、空曠、自在的理想之地，棄絕俗世之爭，似乎讓人感受到了中國古代田園詩歌的悠遠意境和心靈蛻變。除了在歌詞上煞費苦心之外，家強在《灰色的心》編排方面也投入了不少精力。這首歌的錄音室版本層次清晰，輪廓分明，正是得益於家強的貝斯。家強對此頗為得意，他說：「這首歌的結構本身並不是很複雜，但是我為了突出每一個段落，在貝斯上花了很多心思。」

關於新歌《昔日舞曲》的創作背景，流傳著這樣一個故事：一天，家駒從排練棚回家，路過灣仔區一個天橋下時，正好遇到一個露宿街頭的老者，他略帶醉意，手裡拿著一瓶啤酒，唱著歌，不時手舞足蹈，看起來有幾分瘋癲。家駒很好奇，於是他停下腳步，打算一探究竟。老者看到家駒帶著一把吉他，便說：「小夥子，你會彈吉他？過來咱們聊聊。」家駒猶豫片刻，便朝著老人走去。他們告別時，時間已經過去了一個多小時。老者向家駒講述了自己的過往：他年輕時有過一段風光的日子，他聽音樂，玩汽車，在燈紅酒綠中虛度了半生，如今無依無靠，他卻依然沉浸在昔日榮耀的回憶中。家駒在歌曲中反覆吟唱著老人一生的縮影，此情此景更顯悲傷：

熱烈地共舞於街中
再去作已失的放縱
到處有我的往日夢
浪漫在熱舞中

在編曲方面，為了真實地塑造和傳達老人的一生，樂隊借用了六〇年代的懷舊風格，不過他們並非一味懷舊，同樣加入了許多現代元素，以此表達樂隊的坎坷經歷。

樂隊為他們的新專輯設計了一個播放順序，這顯然是他們的一種行銷策略。他們將主打歌《永遠等待》放在專輯最後的位置，似乎在告訴聽衆，你們可千萬別錯過了前面的四首歌。

▶《永遠等待》封面。

自從Beyond簽下Kinn's之後，他們也開始接受職業化的管理，大部分事務均由經紀公司來打理。除了Leslie負責他們的經紀事務外，Jinly也擔任起樂隊的形象設計等工作。當時Jinly是嘉禾電影公司的簽約演員，她在一九八五年第一屆「亞洲小姐」的競選中奪得亞軍，之後成為亞洲電視臺（ATV）的藝人，受到該電視臺的力捧。此後，她一直擔任亞洲電視臺的演員，同時在小型廠牌Kinn's裡兼任小島、Beyond兩支樂隊的形象設計師，不過最後她和Leslie還是難脫分道揚鑣的命運。一九九一年Jinly新婚之後，便逐漸淡出演藝圈。

《永遠等待》的封套拍攝於新界屯門踏石角發電廠。他們五人穿著長筒襪、短褲和T恤站在黃昏的發電廠中，面朝南方，依稀可以看見幾根電纜從他們的頭頂橫穿天際，別有意蘊。封面拍攝當天，經紀公司為他們準備了兩套服裝，一套用於拍攝第一版封底和宣傳照片；另一套則用於拍攝封面照和海報、雜誌彩頁照片。不過後來他們都表示，他們並不喜歡這個形象，因爲那看起來簡直就像一支足球隊。

爲了拍到日落時分的場景，樂隊早早就抵達了拍攝現場，下午三點便開始動工；等到日落西山，他們又補拍了其他造型的相片，拍攝工作一直持續到晚上八點半才宣告完工。後來當《永遠等待》再版時，封套上出現的也是同一個場景──黃昏的發電廠，橫穿天際的電線，只是這次他們五人同時面向鏡頭。如果不仔細分辨，會誤以爲兩個版本的封面照只是改變了方向；但事實上，他們已經更換過服裝，而且這就是那天拍攝努力的成果。

兩個月前，那時專輯尚在籌備中，Leslie前往二樓後座探訪Beyond，他此次前來的目的，是試聽新專輯《永遠等待》的備選小樣。隨後，家駒捧出的一打作品，讓Leslie倍感意外。家駒提供的小樣總共有七首，當時這些歌曲都還沒有歌詞，只有簡單粗糙的編排和哼唱錄音，不過這已經足夠讓他們的經理刮目相看。自從簽下一紙合約，家駒更加專注於創作，他將大部分的精力都投入到樂隊的建設和創作上去，很快他的創造力便像火山般噴發出來。這七首小樣包括，隨後收錄於《永遠等待》內的《金屬狂人》、《Water Boy》、《昔日舞曲》及《灰色的心》四首歌；另外三首則是被收錄在下一張專輯《亞拉伯跳舞女郎》中的《過去與今天》和《Arabian Dancing Girl》，以及一年前「永遠等待」演唱會上表演過的《飄忽的她》。不過最後《飄忽的她》也成了他們遺棄的作品之一，未被收錄在後來的任何專輯中。

經過一番挑選，最終他們決定將《金屬狂人》、《Water Boy》、《昔日舞曲》以及《灰色的心》收進新專輯。不過，家駒似乎並不打算就使用這些歌，他欣喜地對Leslie說，他還有一首很滿意的新歌要給對方聽聽，並且他還宣稱，這是一首可以和《舊日的足跡》相媲美的歌曲，一定會大紅大紫。

家駒口中的這首歌，便是《大地》的小樣，只不過彼時這首歌的名字是叫《Yellow River》（黃河），直到後來樂隊邀請劉卓輝爲這首歌操刀填詞，才被後者更名爲《大地》，收錄在樂隊一九八八年發行的《秘密警察》專輯中。正是這首充滿東方韻味的歌曲，徹底改變了樂隊的命運，讓他們開始步入坦途──《大地》成了他們巨星之旅的起點。據世榮回憶，家駒錄好《Yellow River》的小樣後，就曾給他聽過。世榮記得，當時小樣裡有一段揚琴，他非常好奇，便問家駒那是什麼，家駒滿臉得意地問他，這首歌「是不是很有中國韻味？」⑥

聽完《黃河》的樣帶後，Leslie非常驚訝，對這首歌讚不絕口，但他並不贊成將這首歌收錄到《永遠等待》中。在他看來，如此出色的作品應該在適當的時間推出，才能產生巨大的反響，當時時機尚未成熟，他們的影響力還比較小，如果貿然使用這首歌，以Beyond當前的影響力，可能不會有什麼反響，只會白白浪費一首傑作。於是他建議家駒，先暫時雪藏這首歌，往後再使用，家駒聽從了他的建議。

劉志遠加入Beyond後，樂隊的新作品在吉他編排上變得更加精緻飽滿，演奏技巧也更加複雜，樂隊整體的作品成熟了許多。一九八六年十月，Beyond開始錄製《永遠等待》時，劉志遠還是一名剛剛升入中五的學生。他家住在距離九龍大約三十公里路程的香港島，樂隊的錄音棚卻位於九龍城區，每天放學後，他都要火速趕往九龍城區，直到當天的錄音結束，他才拖著疲憊的身體回到家中，然後準備第二天的課程。在這種周而復始的跋涉中，劉志遠開始抽起了煙，這對他來說，成了一種緩解壓力的有效方式。

對於五人編制的Beyond，家駒似乎很滿意，幾個月後樂隊在接受《電影雙週刊》採訪時，他斬釘截鐵地說：「我們玩出來的音樂就是很好的證明。不過，隨著樂隊的成長，風格的轉變就無法預知了。」

一九八六年十月十日，Rozza樂隊集結了幾支樂隊和數名歌手，在高山劇場舉行了一場名爲「八六大核爆Rozza Band In Concert」的演出。這場演出顯然是對當年四月二十六日發生在前蘇聯烏克蘭北部的車諾比核電廠事故（Chernobyl Disaster）的回應。那次事故三個月內陸續使三十一人喪生，在隨後的十五年間，又有六至八萬人因爲輻射生物效應死亡，十四餘萬人飽受輻射疾病的折磨。車諾比核災不僅給烏克蘭造成了巨大的損失，也爲四年後的蘇聯解體埋下了伏筆。核災發生後，世界各地的反核運動愈演愈烈。儘管香港和烏克蘭相隔萬里，但許多香港人對此卻十分關心，他們對世界各地的社會動態亦滿懷熱情。「八六大核爆」的演出陣容，可謂是當時香港搖滾樂壇上最強大的一次，主辦方邀請了包括Beyond等在內的十支樂隊參與演出，反核浪潮一度被推向頂峰。

年底，Beyond收到不少演出邀請，隨後他們一連幾天都在路上奔波。十一月二十八、二十九日兩天，太極、小島、Beyond和Chyna四支樂隊在高山劇場聯合舉行了兩場「'86 Pop Rock Show」。第一天的主角是太極樂隊和小島樂隊；第二天晚上七點半，Beyond和Chyna也相繼登臺亮相。一家名爲「班尼路」（Baleno）的琴行是這場搖滾秀的贊助商，年輕吉他手黃仲賢擔任現場主持。當天晚上，Beyond爲觀衆表演了九首歌，包括自費專輯中的《誰是勇敢》、《Myth》和《舊日的足跡》，以及即將發行的《永遠等待》專輯中的五首歌曲，另外一首是一年後被收錄在《亞拉伯跳舞女郎》中的《過去與今天》。除此之外，家駒還表演了一段長笛Solo，他那非凡的音樂才華征服了衆多歌迷。此後人們只要談起家駒的全才，這場演出便成了他們津津樂道的明證。

在接下來的一段時間，《過去與今天》成了Beyond的必演曲目。不過，這首歌的歌詞並非一氣呵成，樂隊先後作過多次修改，第一個版本「熱血的心裡常跳動／誰會管失意冷風／踏破這黑暗寧與靜／耀眼星光暖我心」，顯得有些凌亂。錄音時，他們才將最終的版本確定爲：「誰會管失意冷風／踏破這黑暗寧與靜／幻變的都市誰過問／讓暖風緊靠我身」。

一九八六年下半年，香港樂隊開始進入大衆視野，太極樂隊的《迷途》

和Raidas樂隊的《吸煙的女人》先後登上了「香港電臺流行榜」的榜首。人們認爲這股樂隊潮流只是一次復甦，但家駒並不認同這種觀點，他說：「把今天的樂隊潮流看作一種革命我覺得會更貼切，因爲這些樂隊本身就充滿了創造性，他們都是用具本土特色的粵語進行演唱。以前的樂隊潮流裡大部分都是翻唱外國歌曲，從原創的角度來說，根本沒有留下什麼基礎。」家駒還表示，樂隊的意識已經逐漸在香港的土地上扎根，他認爲這種香港本土意識很有代表性，他們同樣會堅持這條道路。在一九九二年第三季《勁歌金曲》現場，當主持人問家駒何爲「音樂革命」時，他也表達了類似的觀點。他說：「革命就是沒有什麼就創造什麼，比如說這裡沒有某種音樂我們就把這種音樂做出來。當然，做出來的東西必須是好的，要有意義、有代表性、對文化甚至對新一代年輕人有啓發性。」

經過Beyond的強力發聲，一九八六年十二月，尚未發行的《永遠等待》和《昔日舞曲》已經成爲迪斯可和電臺的熱門歌曲，樂隊經紀人借此機會安排Beyond和小島在新界區做了三場小型巡演，爲兩支樂隊即將上市的唱片宣傳造勢。十二月二十日，兩支樂隊登上巡演第一站的舞臺——新界上水龍運街二號的北區大會堂（North District Town Hall），把他們的新歌獻給當地歌迷；第二天，他們繼續向新界元朗聿修堂（Lut Sau Hall）進發。一個星期後，巡演的最後一站在新界大埔安邦路十二號的大埔文娛中心（Tai Po Civic Centre）完滿落幕。

儘管三場巡演的上座率不足六成，卻有不少忠實樂迷從市區趕來捧場。要知道，新界離市區有兩個多小時的車程。樂迷的熱情讓兩支樂隊感動不已，他們備受鼓舞，這就是他們一直尋找的歌迷。選擇新界作爲巡演目的地，一方面是因爲這裡比較偏僻，新的樂迷有待開拓；另一方面則是希望和更多的樂迷分享新歌，爲新專輯打開市場。

一九八七年一月二日，人們剛從跨年的欣喜和時間的恐懼中爬出來，Beyond簽約後的第一張專輯《永遠等待》便正式上架。當天，Beyond和幾支樂隊參加了香港高校巡演浸會大學站的演出，地點是在浸會大學的一個會堂（Academic Community Hall-Hong Kong Baptist University）裡。這間會堂位於九龍塘窩打老道二百二十四號，是香港藝術表演的常勝之地。在這場演出上，

▲香港浸會大學大學會堂。

Beyond幾乎把EP中的歌曲都唱了一遍，正好爲剛剛發行的EP做第一波宣傳。

Beyond登臺時，由於此前表演的樂隊將現場設備弄了個底朝天，演出助理不得不在樂隊登臺時重新連接電路，然後一邊進行調試。調試大約持續了三分鐘，臺下的歌迷變得躁動不已，甚至有觀衆朝他們報以噓聲，不過有部分歌迷極力維護樂隊，對那些不懷好意者予以還擊。家駒則紳士般不慌不忙地對觀衆說：「不要讓他們太緊張，否則他們會越做越慢。」然後，臺下才漸漸恢復了平靜。

表演尚未開始，臺下早已蠢蠢欲動，瘋狂的歌迷大喊「家駒！」，有人甚至還喊出了他們的開場曲——《Water Boy》，另一些人則高聲呼喚《金屬狂人》，然而整場演出結束，他們都沒有唱半句《金屬狂人》。現場稍微平靜後，家駒向觀衆逐一介紹他的隊友。緊接著，伴著阿Paul和劉志遠的吉他聲，家駒從兜裡掏出一支口琴，加入他們的演奏。一曲唱罷，熱情的呼喚此起彼伏。然後，家駒向臺下的歌迷介紹歌曲的創作背景：「經常有朋友問我，爲什麼這首歌取名爲『Water Boy』。其實這個概念來源於我曾經讀過的一本小說，作者是臺灣作家白先勇先生，小說叫做《寂寞的十七歲》。它講述了一個整天遊手好閒的年輕人，始終無法找到生活的位置，但又不甘心向現實妥協的故事。」然後，他指著站在左邊的劉志遠打趣說，小說中的那個人物就像劉志遠，惹得臺下的觀衆捧腹大笑。

緊接著，樂隊表演的是那首大熱的《昔日舞曲》。開唱前，家駒說：「這首也是唱片裡的歌曲，你們可能也會在收音機裡聽到。」表演完《昔日舞曲》後，家駒再次對觀衆表達了他的謝意，鑒於出場時的介紹有些凌亂，他再次向觀衆介紹了他的隊友：最左邊戴眼鏡那位，我弟弟家強，低音吉他手；離我最近的是我們的新吉他手，劉志遠；長頭髮吉他手，阿Paul；阿榮，我的死黨，鼓手，我們的戰友，樂隊創始人之一。將隊友逐一介紹給觀衆後，家駒也不忘自我介紹。事實上，此時的Beyond在圈內已小有名氣，臺下的歌迷大部分都是他們的追隨者。

最後是那首在任何一場演唱會上都會表演的《永遠等待》。他們像往常一樣嫻熟地彈奏著每一個音符，歌曲在樂隊的齊聲呼喊中開始，又在齊聲呼喊中結束。觀衆意猶未盡，三首歌過後，樂隊轉身收好傢伙，準備退場，但臺下傳來歌迷一陣陣的呼聲，他們大喊「Encore」，要求樂隊返場。隨後主持人登上前臺，爲觀衆推波助瀾，如其所願，樂隊終於返回舞臺。面對熱烈的觀衆，家駒顯得格外興奮，他褪去外衣，然後開始表演《灰色的心》。家駒爲歌迷的熱情深深動容，是他們支持著Beyond一路走來，是他們讓Beyond的音樂復活，這就是樂隊永遠等待的結果。

《永遠等待》的發行，讓樂隊再次成爲媒體關注的焦點。當記者提及《再見理想》和《永遠等待》的差異：一張滿是失落、灰暗、不滿與憤怒，另一張則趨於溫和；但往昔的筆觸仍然依稀可見。是有意爲之還是潛意識如此時，家強回答說：「我想，我們所做的音樂都是發自肺腑，畢竟我們都是一群年輕人。我們都生於底層社會，我們的生活就是我們的音樂素材，這是自然而然的。不過我們以後的歌詞內容會逐漸走向多元，也會轉向溫和。一方面，我們都在逐漸成長，對事物有了新的認識和看法；另一方面，我們也希望增加電臺的播放率。」

專輯發行伊始，經紀人Leslie便將《永遠等待》送到各大電臺。他說：「很多DJ都驚呆了，他們根本不知道如何去形容Beyond的音樂，也無法將這些音樂歸類。」除了電臺，Leslie認為迪斯可舞廳是「最直接、最有效、最沒有人際政治因素的地方」。於是，他們將目標轉向迪斯可舞廳，在那裡加足馬力進行宣傳。當重新混音的《永遠等待》被送到DJ手中後，Beyond立即成了全城迪斯可舞廳最熱門的搖滾樂隊。不過，對他們的批評也隨之而來，批評者不是DJ，也不是同行，而是那些一直追隨Beyond的樂迷。

「我想，可能是因為Beyond組建初期只玩一些實驗性比較強的純音樂，後來我們轉玩歌曲了，而且還是廣東話流行曲，一群衛道之士一時難以接受，自然就產生了抗拒心理。至於他們說Beyond只是為了迎合一般樂迷，打入本地流行樂壇，多賺點錢……這點我們承認，因為我們躲在『地下』窮得太久了！實在想賺點錢來支撐樂隊繼續走下去。」對於那些批評Beyond是搖滾叛徒的論調，家駒不以為然，他接著說：「但如果他們認為我們出賣理想就有點滑稽！我們的理想就是玩我們的搖擺，將觸到我們心靈深處的事物寫進歌中。看來，這只不過是他們的理想而不是我們的理想。再者，我們玩的全是我們的原創，這種創意難道還不足以證明我們的理想嗎？不過他們的批評都是出於善意，我很感激他們對Beyond的愛護之情。」⑦

儘管Beyond經歷了一段漫長的掙扎時期，但家駒對「地下樂隊」的標籤還是極為不滿。一九九三年，Beyond在接受一家電視臺採訪時，家駒反駁說：「我從來沒有覺得Beyond是『地下樂隊』，我們只是玩自己喜歡的音樂，根本沒有打算拒絕任何一個聽眾，我們無意拒他人於門外。相反，我認為Beyond的音樂應該十分流行，但不知道是什麼原因聽眾卻很少，所以實際情況總是讓人心有不甘。另外，如何去定義『地下樂隊』？不能發唱片還是無法參加大型演出？或者是故作低調雪藏自己？這些都是人們對『地下』的誤解，『地下』的眞正含義應該是游離於體制之外，不被體制接納或者站在體制的另一面。香港沒有政治意識形態的鬥爭，所以人們聽慣了流行曲，就把難以接受的Beyond稱作『地下樂隊』。」

雖然《永遠等待》的商業氣息並不明顯，但家駒等人也不得不承認，為了讓專輯好賣一些，樂隊的確做了許多改變。「以前我們的音樂比較極端，只求滿足自己的喜好，沒有任何商業的味道。但現在，我們不能墨守成規繼續做那些極端的搖滾，所以我們只好加一些商業元素。」⑧

轉變後的Beyond，音樂變得柔和許多，不過編曲依舊複雜，有些人把他們的這種追求看作是有意為之的標新立異。對此家駒回應說：「我們不太喜歡一首歌中有很多重複的段落，大部分流行曲總是在唱完兩段主歌後，加一段間奏和一段副歌，非常程式化，能表達的東西非常有限。我們喜歡一首歌不斷變化，所以有時候記歌詞會比較麻煩。我不會寫譜，作曲時需要用答錄機錄下來，所以有時候人們會覺得Beyond的音樂不協調，好像是把三首歌硬生生連在一起，但我卻覺得充滿戲劇性，像是在講故事一樣。」

樂隊將《昔日舞曲》定爲主打歌曲，他們不僅在多種場合表演這首歌，還極力將其推薦給電臺DJ。隨後，這首歌在香港電臺和商業電臺不間斷播出，一段時間後，《昔日舞曲》一路飆升，攀至「香港電臺龍虎榜」第八位。不過，Beyond對這個位次並不怎麼滿意。因爲對於一支已經組建四年的原創樂隊來說，這樣的排名顯然沒有什麼值得驕傲的，他們兢兢業業做了這麼多年的音樂，第一次才擠到一個並不顯眼的位置。

如果稍有留意，不難發現《永遠等待》這首歌自從一九八四年問世以來，便頻頻出現在Beyond的各種演出現場和專輯中，可見他們對這首歌的鍾愛。後來，阿Paul在一次採訪中解釋說：「《永遠等待》代表了Beyond的三個階段。首先，《永遠等待》是Beyond的第一首中文作品；其次，它是樂隊的第一次演唱會；第三，它是我們的第一張唱片。『永遠等待』的意思就是：每個人對自己的欲望都有一種強大的毅力，而我的欲望是繼續等待。」⑨

家駒平時很少收聽廣播，但當Beyond的歌曲開始在電臺播出後，他會聽上一整天的收音機。儘管樂隊將歌詞作過不少改動，但《永遠等待》依然延續著《再見理想》中的那種灰暗格調，他們的失落與遺棄之感在每首歌中都有所表現。讓樂隊感到矛盾的是，他們既期望得到認可，又害怕被認可。因爲一旦被認可後，他們可能會失去很多東西。

《永遠等待》EP推出後，人們對這張EP的評價毀譽參半。對於那些過去一直追隨Beyond的鐵桿歌迷，他們認爲樂隊開始背叛搖滾，朝著商業化的大道駛去；但在唱片公司那裡，Beyond卻一點也不商業，否則他們的唱片銷量將會暴漲。專業樂評人士則拋棄狹隘的商業與否來看待這支樂隊，一篇樂評甚至稱Beyond是「中文樂隊潮流中的異軍」。

作者在文章中這樣寫道：「如果去聽太極、凡風、小島、Raidas或者達明一派的歌曲，你會發現他們的音樂比較新鮮、有序，有一種明顯經過精心雕琢和修飾的感覺，有一種完全大衆化的傾向。Beyond則稜角分明，修飾非常少，而且其中的重型部分的編排，給人一種粗糙感，與他們英式搖滾的風格很搭。從搖滾的意義上來說，Beyond比任何一支本地樂隊都來得強。」那篇樂評繼續寫道：「從《永遠等待》EP來看，Beyond是非常有潛質的，也許當他們再成熟一點時，會成爲一支很出色的本地中文原創樂隊。」

《音樂一週》刊登的一篇樂評也表達了類似的觀點，文章寫道：「Beyond可以說是近年來本地搖滾樂隊中最引人注目的樂隊之一，同時也是最近崛起的組合中最有潛質的樂隊。他們所走的路比許多新樂隊要艱辛得多，正因如此，Beyond成熟和進步的速度也相當快，他們才出道三年就已經有巨星樂隊的風範了。」儘管外界對Beyond的評價褒貶不一，樂隊的幾名成員也在批評聲中承受著極大的壓力，他們甚至懷疑這樣的轉變是否正確。但他們總算堅持下來，逐漸贏得廣泛的認可。

《永遠等待》推出一個禮拜後，樂隊又舉行了一場名爲「Beyond等待之夜」的小型演出，爲專輯的推廣繼續開足馬力。專輯上市之前，混音版的《永遠等待》已經成爲迪斯可舞廳的熱門舞曲，但奇怪的是，在任何一個流行樂榜單上卻看不到這首歌的蹤影。只有《昔日舞曲》攀上「港臺龍虎榜」的第八位，這是Beyond出道以來首次擠入電臺流行榜。雖然《昔日舞曲》備受電臺青睞，播放率一直居高不下，但這首歌在「港臺龍虎榜」上的位置跟他們的期望相差甚遠。《Water Boy》在商業二臺同樣有較高的播放率，然而樂隊依然難脫《永遠等待》的命運，專輯的銷量慘澹不堪——唱片上市兩個月，只賣出比《再見理想》多一倍的數量。不過這一切並沒有白費，所有事件的總和無疑進一步提升了樂隊的知名度。

《永遠等待》出版後，樂隊不斷接到各種演出邀請，有時他們還會出現在一些電影拍攝現場，擔任客串樂隊。不過，由於樂隊的聲譽還僅僅局限於音樂圈，他們收到的演出邀請也只是一些小型音樂會，偶爾也有一些媒體會找上門來，把他們的最新計畫公諸報刊。

在《永遠等待》發行前後的兩個月，樂隊一直忙於錄製和宣傳，他們幾乎沒有參加外界的任何活動，嘉士伯和通利琴行在伊利沙伯體育館舉行的樂隊跨年演出，他們也沒有出席。專輯的宣傳工作告一段落之後，Beyond才又開始忙碌起來。二月十四日晚上九點，太極、凡風、邊界等幾支樂隊在澳門新口岸回力球場館（Palácio de Pelota Basca）舉行了一場「勁band情人節演唱會」，當晚Beyond也光臨現場，爲觀衆表演了幾首歌曲。

家駒的姐姐黃小瓊從事影視製片工作，有時出於片場的臨時需要，她會請弟弟的樂隊前來友情演出。二月十八日，樂隊在位於九龍尖沙咀的「里克斯」咖啡館（Rick's Café）爲電影《靚妹正傳》友情出鏡，並在影片中演唱了一首《昔日舞曲》。不久，小瓊給家駒打去電話，她說自己正在參與一部影片的拍攝工作，需要幾名樂手做客串，讓家駒帶著樂隊前來幫忙。於是，家駒立刻帶著樂隊和設備前往拍攝地點，爲姐姐助陣。這部影片名叫《肝膽相照》（*Sworn Brothers*），樂隊在其中的戲分是一段爲女主角伴奏的表演。二十多年後，當黃小瓊想起這些往事，她深感愧疚。她說，無論是在演出結束當天，還是製片完成後，自己都沒有給弟弟和他的樂隊任何鳴謝。

二月二十一日深夜，Leslie如常來到二樓後座探班。進入排練室，Leslie發現Beyond正在排練，他只好等樂隊排練結束，再和他們交流近況。不一會，樂隊得知當天正好是Leslie的生日，他們打算爲Leslie慶祝一番，接著世榮等人從樓下搬來啤酒和零食，準備不醉不歸。當晚，家駒的同學兼好友梁國中、演出助理梁俊勇及黃仲賢、Jinly、水晶迷樂隊（Crystal Zone）的成員，都擠在二樓後座那個狹小的排練室。幾杯酒下肚，氣氛變得熱鬧起來，第二天凌晨才依依不捨地散去。

醉醺醺的Leslie執意要給家強來一張特寫，其他成員則順勢擺出各種鬼臉，對準相機。一番胡鬧過後，大夥才搖搖晃晃離開二樓後座，前去參加香港無線電視一檔名爲《歡樂今宵》（Enjoy Yourself Tonight）的節目演出。當天Beyond在這檔節目上表演的歌曲是，樂隊出道以來首次打入榜單的《昔日舞曲》。表演結束後，樂隊還拍攝了《昔日舞曲》的MV，這也是他們的第一個MV。二十八日，Beyond終於登上無線電視臺《勁歌金曲》的螢幕和那些渴望他們成功的樂迷見面，當晚播出的正是他們上個禮拜錄製的MV。

三月六日，距離上一次登上伊利沙伯體育館後的大半年，世榮等人終於再次登上這裡的舞臺，當晚和Beyond同臺演出的樂隊包括小島、Raidas以及風水等數支樂隊。不過Beyond登臺獻唱時，已是凌晨時分。

一九八七年三月二十二日，「地下音樂會II」（FROM THE UNDERGROUD II）⑩在高山劇場上演；這是繼三個月前由《音樂一週》主辦的第二場地下音樂會，當時只有兩支樂隊參與表演。不過，此次演出的陣容有所擴大，五支樂隊成爲當天的主角，世榮、阿Paul、馬永基和鄔林組成的「高速啤機」也在表演嘉賓之列。他們爲觀衆表演了《邪魔作孽》、《破壞》、《金剛惡魔》和《衝》四首歌。世榮仍然戴著去年九月在「嘉士伯流行音樂節」上的白色髮套，隨後他以一段爵士鼓獨奏，把現場的氛圍推向高潮。雖然這幾首歌從未正式出版，但那些在坊間流傳的靴子腿，卻被歌迷們奉爲珍寶。有趣的是，後來很多歌迷一直誤以爲「地下音樂會II」的演出時間是一九八六年三月二十二日，而且作爲現場表演者之一的鄔林，多年後當他回憶起這段往事，也未能記起當年「高速啤機」出席表演的確切時間是一九八七年三月二十二日。

三月二十八日，Beyond再度登上高山劇場的舞臺，參加「Power Station音樂會」。家駒爲樂隊設計了一個驚世駭俗的形象——阿Paul、家強、劉志遠三人身穿紅色長袍，站在舞臺中央。音樂響起，燈光照向他們，身著藍色長袍的家駒赫然出現在其他幾名成員中間，打鼓的世榮身穿黑皮夾克，坐在鼓堆裡，掌控著音樂的節奏。當晚，樂隊僅僅表演了兩首歌曲，分別是《昔日舞曲》和尚未發行的《過去與今天》。

二十年後，阿Paul回憶起這場演出時，頗爲感慨。他說：「出場那一瞬間真的很嚇人，那次演出也許就是香港第一代Visual Rock，視覺搖滾。現在回

▶「地下音樂會II」海報。

想起來，眞的很大膽。一支新晉樂隊有這樣的膽識面對觀衆，無論表現怎麼樣都値得加分。現在要是讓我穿成這樣，我未必就敢。」阿Paul繼續補充說：「其實早期很多類似這樣的想法都來自家駒，他有足夠的膽量去嘗試各種事情。他對自己很有信心，對樂隊亦是如此。」家駒對服裝的喜愛顯得有些另類。他說：「我比較喜歡女性化的衣服，因爲可以有很多不同的搭配方式，那樣會讓人看起來青春無限。」在顏色方面，家駒說他「喜歡白色、藍色、黑色、深綠色以及咖啡色」。

一九八七年四月二日，商業二臺舉辦了一場「饑饉三十愛心午餐活動」，家駒受邀參加。活動結束後，Beyond還出席了此次活動的記者招待會。月底，Beyond和另外幾支樂隊在新蒲崗軍營爲「饑饉三十」做了一場義演，這是Beyond首次參與「饑饉三十」的演出，當天義演的陣容包括譚詠麟、梅豔芳、陳百強等明星。「饑饉三十」是「世界宣明會」（World Vision，另譯世界展望會）爲援助世界各地難民而發起的人道主義救援活動。第一次「饑饉三十」開始於一九七一年，由一群加拿大青少年自發形成，他們在亞伯達省（Alberta）卡加利市（Calgary）的一所教堂裡，通過長達三十六小時的禁食感召，爲衣索比亞（Ethiopia）飢民進行募款。此後，該活動得到世界的廣泛回應，各行各業的人們加入到這場救援行動中來。

爲了繼續給發行四個月之久的《永遠等待》做最後一波宣傳，四月十九日下午兩點，Beyond來到Chicago Disco舞廳做了一場小型音樂分享會。除了新專輯中的《金屬狂人》、《Water Boy》、《昔日舞曲》和《永遠等待》等四首歌，在當天的音樂會上，樂隊還爲歌迷表演了即將發行的《亞拉伯跳舞女郎》中的《過去與今天》。演出結束，Beyond的幾名成員和歌迷們做了一番近距離的互動；活動一直持續到傍晚六點，歌迷們依然意猶未盡，可是樂隊已經疲憊不堪，他們不得不迅速撤離現場。至此，《永遠等待》的宣傳工作總算告一段落，新的計畫等著他們去完成。

注釋

①參見鄧煒謙，《我與BEYOND的日子》（香港：知出版社，二〇一〇年），頁八八。

②馮國康、余燕儀，〈傷別家駒二十年專輯：喜歡你 家駒〉，《蘋果日報》，二〇一三年六月三十日。

③梁兆輝，〈Beyond給青年人見證：夢境確可成眞的〉，《明報》，一九九四年六月十五日。

④⑤沈濟民，〈Beyond the Interview〉，《學苑》（八六—八七），第五回，頁十二—十四。

⑥〈葉世榮〉，《圍爐音樂會》（北京市豐臺體育中心現場），四川衛視，二〇一七年五月二十八日。

⑦諾諾，〈來自低下層的BEYOND〉，《電影雙週刊》，第二〇六期（一九八七年一月二十七日），頁七二。

⑧瓊瓊，〈放棄實驗搖擺 Beyond要「永遠等待」〉。

⑨〈Beyond絕秘聲帶〉，《海琪的天空》，香港數碼廣播電臺，二〇一二年五月十五日。

⑩具體時間參見該音樂會海報及朱耀偉，《光輝歲月：香港流行樂隊組合研究（一九八四—一九九〇）》，修訂版（香港：匯智出版有限公司，二〇一二年），頁一二七。

歷史與現場

二戰後印尼對華人的政策：從同化到包容（中）

陳鴻瑜

排華運動

印尼土著對於華人之族群怨懟源自二戰後印尼和荷蘭之間的戰爭。蘇卡諾在一九四五年八月十七日宣布獨立後，荷軍隨同英軍登陸爪哇，訓令日軍向盟軍投降，不久，共和國軍和荷軍爆發衝突。而在該戰爭中，夾在中間的華人的處境變得異常困難。在殖民地時期，華人是夾在荷人和土著之間，充當中間商的角色。在印尼宣布獨立後，華人的商業角色改變不大，但共和國軍對於華人此一立場已開始感到不滿。

土著亟欲建國的情緒，遭到荷軍的武力鎮壓，而華人竟然還站在荷蘭一方，以私人商業利益爲重，遂對華人展開屠殺報復。最先爆發的屠殺事件是在一九四六年六月一日在文登（Benteng, Tangerang）燒搶華人商業區，被殺害華人六百五十人，其中婦女一百三十多人，孩童三十多人，被焚燬房屋一千三百棟，華人逃難到雅加達者有二萬五千多人。①另據上海《申報》在一九四六年九月七日的報導，一篇由伯明發自文登的報導稱，文登縣下轄文登、茅渥、朱鹿和布拉拉耶四區，有四萬多華人，除文登較安全外，其他三區的華人房舍遭印尼人焚燬，被殺人數無數，有三千多華人避難到文登。②

文登事件後，中華民國駐印尼總領事蔣家棟總領事向荷軍請求援助，發槍給華人，荷軍並指揮華人起來對抗印尼共和軍。結果，同年九月在蘇門答臘的巴眼，印尼共和軍爲報復華人軍隊之進攻，而殺害二百名華人。③在荷蘭控制區，爲了維持治安，支持華人組織志願保安隊，負責巡邏華人住區，防止印尼共和軍的攻擊。例如在蘇門答臘棉蘭有華僑志願保安隊七百人。中爪哇華僑發言人亦在一九四七年八月九日聲明，印尼軍如繼續對華人施暴，則華人可能參加荷軍，以求自衛。④

至一九四七年三月，印尼各地華人被害人數有較確實的數字，文登有五千人，巴眼、亞比、巨港、萬隆、泗水、巴東、蘇門答臘、巴達維亞等地約四千人。自巴眼、亞比撤退至馬來亞格當島之華人約二千二百人。另據駐吉隆坡、檳榔嶼等領館呈報登記的難僑，總計達一六〇一一人。行政院撥十三萬美元救濟荷印華僑。⑤

蔣家棟總領事趁美國駐印尼總領事福第（Walter Foote）於一九四七年八月十一日前往日惹會見蘇卡諾之便，託其帶交蘇卡諾總統非正式函一件，再度要求其採取有效措施，維護華人安全，其中並稱：中華民國對於印尼獨立運動之態度，將視印尼政府如何對待華僑而定。函中要求蘇卡諾立即採取下列步驟：（一）給予華僑便利，使被迫者回家，並歸還一切印尼方面掠去的財物。（二）懲罰犯罪者。（三）保證印尼控制區中不再發生對華僑之恐怖事件。（四）保證完全賠償華僑之損失。⑥

但印尼前總理賈里福丁（Amir Sjarifuddin）在八月十一日就印尼人虐待華人事，向「中央社」發表聲明如下：「荷方所謂居於印尼區內華僑遭受虐待事，全非事實，實爲有意中傷印尼共和國名譽之宣傳活動之一部份。印尼共和國政府業已採取特殊措置，予居於印尼區內華僑之生命和財產以保障，此等區域內，曾經荷方軍事行動及荷方挑釁行動之故，引起混亂。事實上，華僑所得印尼共和國之保護，係同區內印尼共和國人民所未得者。共和國內閣內有二華籍部長，即財政部次長王永智及不管部

▲Amir Sjarifuddin。

閣員蕭玉燦兩人之任職，即爲居於印尼區內所有華僑之利益獲得內閣積極注意之確切保證。」⑦

對於荷印戰爭期間，華人財產遭印尼人破壞以及慘遭印尼人殺害之原因，上海《申報》綜合各種說法如下：（一）妒忌華僑根深蒂固之經濟勢力，因印尼青年在戰時已中日本人宣傳之毒。（二）印尼資源雖富，而民眾極貧，無知無識，不辨是非，在擾亂之際，彼等認爲可焚劫而不致受罰。（三）華僑對於印尼獨立運動沒有表示熱烈的同情，因爲華僑在荷印政治爭執中，處境甚難，討好一方，必得罪另一方。（四）大多數印尼青年之參加軍隊，實爲維持生計，初非計及國家民族之利益，彼等深悉參加任何作戰團體，無論備有武器或竹製戈矛，均可度日。（五）印尼官員無維持治安之能力，尤以外沿區域爲最。（六）印尼官員包括警察在內，均無負責心，一旦有事發生，官員警察均捲蓋而逃。（七）一般生活水準低落，除少數人可領薪水外，其他作戰部隊，均需自籌財源。⑧

一九五八年三月，因爲台灣涉及蘇門答臘和蘇拉威西反抗雅加達政府的軍事政變，蘇卡諾因此將親台灣的華文報紙和華人會館、華文學校予以關閉。一九五九年八月二十九日，西爪哇戰時執權人援引五月九日印尼中央戰時執權人頒布之《監督外僑居住和旅行條例》，另又頒《限制西爪哇一級行政區內外僑居住地點之決定書》，規定從一九五九年九月一日起，外僑不准居住在西爪哇縣府以下的各鄉鎮（第一條）。從各地遷至西爪哇之外僑，只准在萬隆、茂物、井里汶和普禾加達四個地點居留（第五條）。在九月一日以前已居住在西爪哇縣府以下之鄉鎮的外僑，最遲需於一九五九年十二月一日前搬遷他處（第二條）。東卡里曼丹也在一九五九年七月中旬，蘇拉威西在八月一日前搬遷他處。⑨

▶一九四八年，中西爪哇Tangerang華人反印尼共和軍屠殺華人示威之布條。圖片來源：Theodore Friend, *Indonesian Destinies* (Cambridge: The Belknap Press of Harvard University Press, 2003), p. 37。

一九六三年在井里汶（Cirebon）、蘇卡布米（Sukabumi）和萬隆等地有小規模的排華事件。

一九六五年九月三十日，印尼共產黨發動流產政變，背後有中共介入，所以蘇哈托進一步將親北京的華文學校、報紙和會館予以關閉，並逮捕涉案的華人，有些甚至被殺害。印尼政府宣布「印尼公民諮商協會」爲非法組織，大多數幹部被逮捕或列入黑名單，他們的銀行帳戶被凍結。一九六六年初，政府當局接管民衆大學，將之改名爲三聖大學（Universitas Trisakti）。

一九六六年五月八日，亞齊軍區司令賈沙（Ishak Djarsa）宣布所有華裔必須在一九六六年八月十七日前離開亞齊。北蘇門答臘省亦繼之發布同樣的命令。一九七三年八月五日，萬隆市三名華裔青年因爲駕駛汽車與一名拉板車的印尼土著發生車禍事故而將後者打死，引發種族暴動，約有一千五百家華人商店和住家遭到破壞，有十九名軍人因介入暴動而被逮捕。

一九七四年初，印尼政府開放外商投資，而日本商人是與高階層印尼軍官和華商合作，而非與一般印尼人合作，剛好日本首相田中角榮於一月十四日訪問雅加達，因此學生示威反對政府官員貪污、外國投資、蘇哈托搞裙帶關係，經特警隊誘引成爲排華暴動，在格洛杜克（Glodok）的華人商店皆遭掠奪和焚燬。軍警對此暴動，均視若無睹，以後該次暴動被稱爲「馬拉里事件」（Malari incident）。在三天的動亂中有十一人死亡，十七人重傷，一百二十人輕傷，七百七十人被捕，一千多輛汽車和一百四十四間房屋被毀。⑩

由於印尼的排華氣氛，影響華人的生活，從一九四九—一九六六年間，離開印尼返回中國的華人約有十萬人。但中國在一九六六年爆發文化大革命，華人因爲有海外關係，遭到迫害，有許多華人再度逃離中國，返回印尼。⑪

前新加坡駐印尼大使李炯才曾說，印尼排華每八年會發生一次。他說在一九四九年因爲華人站在荷蘭人一邊，反對印尼革命，以致遭到印尼人的殺害，房舍被焚燬。一九五九年，蘇卡諾禁止華人在鄉下經營零售業。一九六五年，因爲華人捲入印共政變，而遭到大批殺害。一九七三年，爲了消除貪婪的華人「母舅公」（指在幕後操縱印尼軍人的有錢華人），在萬隆和雅加達爆發排華運動。一九七四年一月十五日，日本首相田中角榮訪問印尼，爆發排華運動，燒毀華人的汽車和購物中心。該起暴動肇因於日本選擇印尼華人爲商業伙伴，而沒有選擇印尼土著。一九八〇年十二月，在梭羅（Solo）爆發排華運動，燒毀四百輛車子、五百輛摩托車和四棟房屋。⑫

事實上，印尼排華運動並非如此有規律地每八年發生一次，因爲李炯才忽略了以下幾次的排華暴亂。例如，一九六八年十月泗水爆發排華事件，起因是新加坡政府對印尼海員判處死刑。一九七〇年三月，蘇拉威西島萬鴉老發生排華事件，起因是一名華人對伊斯蘭先知穆罕默德不敬。一九八四年九月，雅加達丹戎不祿港口發生襲擊華人事件。一九八四年十月，雅加達暴民攻擊搗毀林紹良所屬的中亞銀行（Bank Central Asia）。一九八六年九月，泗水爆發持續一週之久的排華運動，起因是華婦虐待土著女傭。

▶李炯才。

一九九五年七月二十六日，在南卡里曼丹省會馬辰（Banjarmasin），華人店主和顧客發生爭執，導致七家華人商店被毀，十一人被捕。十一月，在西爪哇的普哇加達（Purwakarta），一名十四歲土著女孩偷華人商店的巧克力而被老闆掌摑臉頰，引發三天的暴動，二十家華人店鋪、住家和汽車遭破壞。十一月二十四日，在中爪哇的北加浪岸（Pekalongan），一名華裔撕毀《可蘭經》而引發衝突，華人商店遭洗劫，警方逮捕二十六人。

印尼執政黨戈爾卡（Golkar）於一九九六年七月二十九日策劃將梅嘉瓦蒂（Megawati Sukarnoputri）逐出印尼民主黨主席後，雅加達發生學生團體挑起的反政府暴動，政府大樓和銀行被焚燬，三人被殺，二百人被捕，華人商店亦遭到攻擊。十月十二日，東爪哇小鎮斯都文羅鎮（Situbondo）曾發生因法庭對一名侮辱回教的男子判刑五年，民眾認爲判刑太輕，有一千多名群衆不滿而上街頭示威，放火燒毀二十多間基督教和天主教堂以及華人的佛寺，造成一名神父在內的五人在教堂中被燒死。

十二月二十六日，西爪哇省小鎮塔西克馬拉雅（Tasikmalaya），因當地一名警官之子在其就讀的回教寄宿學校偷竊被老師處罰，有三名老師稍後被抓去警察局毆打，導致約有五千名回教徒暴動，在該鎮商業區及附近城鎮放火滋事，攻擊基督教和天主教堂、辦公室和華人商店，共有四人喪生，一百八十四人被捕，一百座建築物被毀，包括十二間教堂、十一間警署和九家工廠、三間銀行、八家汽車代理商行及四十八間商店。此外，還有一百零七輛汽車和二十二輛摩托車被破壞或燒毀。印尼回教學者理事會主席巴斯里把暴動歸咎於可能跟印共有關的一個「無形組織（OTB）」。「無形組織」是印尼政府用來形容涉及類似共黨活動的無名集團的名稱。暴徒之所以攻擊基督教堂，主要原因是基督教徒通常較爲富裕，而華裔大都信奉基督教。

▲Megawati Sukarnoputri。

一九九七年一月三十日，正值回教齋戒月期間，回教青年總是在天亮齋戒前，在回教堂打鼓叫醒回教徒起來進食，在西爪哇的蘭佳斯丹洛鎮（Rengasdengklok，位在雅加達以東五十公里）一名基督教華裔婦女指責隔壁清眞寺一群回教青年，在淸晨兩點鐘以鼓喚醒回教居民起床進食及晨禱聲音太喧譁，引起雙方衝突，有數千名群衆攻擊華人住屋，結果有七十六間住屋與七十二家商店被破壞，有兩間教堂和一間佛寺被燒毀，有十九輛汽車被砸毀、七輛汽車被焚燬。

一月三十一日，西爪哇萬隆市因官員取締街邊小販而引起小販的不滿，紛紛向有關官員拋石頭。市郊一家擁有九千六百名工人的紡織廠之數千名工人舉行示威，要求資方給予花紅、女工產假、加薪、保健金及其他津貼，但未獲資方同意，結果在暴動下燒毀該一工廠及兩輛汽車，但局勢很快就被控制下來。市內有人散發傳單，威脅要燒毀華商和基督教徒的房子。在聽到謠言後，大部分教會學校放假，許多商店也休業一天。

三月二十六日，在雅加達以東三百公里的濱海市鎮北加浪岸，一名華裔歌手過去支持以回裔爲主的印尼建設統一黨（United Development Party, PPP），但現在被執政的戈爾卡提名爲參加五月二十九日國會議員候選人，而引起群衆不滿，暴徒攻擊該市鎮的華人商店，有六家商店遭劫掠，三輛摩托車和一輛汽車被焚燬。五月二十五日，該兩黨支持者在馬辰再度衝突，在華人商業區的華人商店、教堂和佛廟遭焚燬，有八十人死亡。

六月二日，西爪哇的卡迪帕登（Kadipaten），一名華裔店主對涉嫌偷竊的土著婦女搜身，而引發衝突，華人商店和三家教堂遭攻擊。九月十四日，在南蘇拉威西的烏戎潘丹（Ujungpandang），一名患有精神病的華人殺害兩名土著婦女，引發三天的暴動，一千家房屋被毀。

一九九八年一月十二日，東爪哇堅柏（Jember）市郊的連空（Lengkong）村村民因不滿華人商店提高價格，而引發暴動攻擊華人商店。隔天又攻擊附近城鎮的華人商店。一月二十六日，在中爪哇北海岸靠近南望（Rembang）的卡拉甘（Kragan）小鎮有數千名漁民因不滿煤油價格上漲三百%，影響漁民使用的漁燈，而襲擊兩座教堂和十五家華人商店。不久，即遭軍隊鎮壓。一月二十七日，在沙蘭（Sarang），暴民攻擊華人商店。二十八至二十九日，暴力活動延伸到三寶壟和泗水之間地帶。警方發現軍方和犯罪分子曾開會進行有計畫性地介入排華活動。⑬

二月一日，在中蘇拉威西靠近帕路（Palu）的東格拉（Donggala），有數百名青年暴徒用石頭攻擊六家華人商店，抗議飲料價格上漲。警方逮捕兩名滋事青年，隨後即將之釋放。二月二日，在南蘇拉威西的烏戎潘丹，有數百名暴民攻擊華人和非華人商店。該城市在一九九七年九月亦發生暴動。二月八日，在佛羅里斯島的恩迪（Ende），因抗議食品價格上漲，約有一千名暴民攻擊華人商店，燒毀二十一家商店，毀損和掠奪另外的七十一家商店，警方逮捕五十六名暴徒，華人則避難到當地軍事營區。二月十二日，在井里汶附近的加逖旺吉（Jatiwangi）和帕曼奴堪（Pamanukan），暴民攻擊數百家商店，其中有不少華人商店，華人避難到警局，沒有華人受傷。⑭二月十三日，在中爪哇的羅沙里（Losari）的華人商店遭暴民洗劫。二月十九日，在東南蘇拉威西的首府肯達里（Kendari），有六千名暴徒攻擊華人商店。

五月二日以前，在棉蘭即有零星的學生和軍警衝突，學生使用燃燒瓶、燒毀輪胎，但未發生掠奪和燒毀商店事件。五月二日攻擊燒毀蘇哈托兒子湯米所擁有的帝摩（Timor）汽車公司。五月四日，政府宣布取消對燃油和電力的補貼，激起學生更大的示威運動，攻擊燒毀警察局、警車和交通信號燈柱、小商店。五月五日，關押有五十位示威者的警局遭群衆包圍，群衆開始攻擊警局和市內各地華人商店，當天晚上警方宣布已控制情勢。但隔天暴動更爲激烈，五十輛汽車、一百多家華人商店和房舍被燒毀。據當地報紙報導，是由不明人士煽動引發群衆攻擊燒毀華人商店，且受害華人多數是遭槍擊斃命或受傷。五月七日，北蘇門答臘地區城鎮的華人商店也遭到攻擊掠奪。⑮

五月十三至十五日，雅加達爆發學生運動，華人成爲被攻擊的對象。他們的商店遭掠奪、焚燬，財產遭搶掠，有不少華人遭殺害，超過一百名婦女遭到強暴。有七萬華人逃離印尼，華人財產損失估計二億一千七百萬美元，他們離開印尼時帶走約三億六千九百萬美元。⑯七月二十日，暴民攻擊在東爪哇的土著房舍，因爲這些穆斯林在前次動亂中曾庇護華人，以致遭到報復。暴動結果造成四〇八三間店鋪和一〇二六所私人住宅被焚，四十個購物中心被毀。

五月二十九日，在南蘇拉威西的吉尼旁土（Jeneponto）爆發反華人的暴動，攻擊華人商店。六月三日，印尼國家人權委員會（National Commission on Human Rights）表示，從五月十二至二十五日期間的動亂，約有一千一百八十八人被殺死，五千間以上房屋被燒毀、破壞或掠奪。六月二十七日，在爪哇的普哇里卓（Purworejo）發生暴動，華人商店成爲攻擊對象。七月十七日，在東爪哇的吉柏（Jeber），有一千暴民攻擊和洗劫華人商店。八月二十九日，在中爪哇的西拉卡普（Cilacap），有一萬名漁民放火燒毀華人的十艘拖網漁船。在東爪哇的烏諾梭里（Wonosori），數千名暴民洗劫華人米店。八月三十一日，有千名暴民攻擊亞齊的華人商店。九月八日，在中爪哇的基布曼（Kebumen），謠傳一名華人店主毆打一名土著工人，而引發兩天暴動，華人商店遭到攻擊。九月十七日，在蘇門答臘的巴甘西亞披亞披（Bagansiapi-api），謠傳一名華人殺害一名土著，而引發暴動，四百間華人房屋被燒毀。

在一九九九年後還陸續發生一些排華運動，例如，一九九九年一月八日，在西爪哇的卡拉望（Karawang），數百名暴民攻擊華人商店，死二人。二〇〇一年二月十九日，廖內省的望加麗縣（Bengkalis）實拉班讓（Selat Panjang）鎮發生暴亂，該鎮人口有三萬人，其中華人占四十％，華人經營賭博業者，遭到土著流氓的勒索，不成，遂要求警方取締，遭到賭場的保鏢和警察阻攔，乃爆發衝突，造成一死三傷，暴徒燒毀警察局、警員宿舍及數十間華人商店及住宅，一些暴民還劫掠華人財物。[17]

近代以來，以一九九八年的排華運動最引起世界各國之注意，尤其印尼各地傳出百多名華裔婦女遭到暴民強暴，引發國際關注。美國國會衆議員佩洛西（Nancy Pelosi）致函美國總統柯林頓（Bill Clinton）和國會，要求制止印尼政府迫害華裔，緝拿五月暴亂中的暴徒並給予法律制裁，同時應向受害人道歉。新加坡中華總商會亦希望印尼政府能儘快完成調查暴亂工作，嚴懲犯罪者，也歡迎印尼草擬保障公民人權基本法令。[18]澳洲外長唐納（Hon Alexander Downer）促請哈比比（Bacharuddin Jusuf Habibie）總統處理印尼華裔遭歧視問題。中國「全國婦女聯合會」要求印尼嚴懲強暴華婦兇手。[19]台灣亦向印尼提出抗議。在國際輿論壓力下，迫使印尼政府對該一事件進行調查。

根據印尼國防部長、武裝部隊最高司令、司法部長、內政部長、國務部長、婦女效能與保護兒童部（Ministry for Woman Empowerment and Children

▲Bacharuddin Jusuf Habibie。

Protection）部長、檢察總長決議成立「眞相調查聯合小組」（Joint Fact Finding Team, TGPF），調查五月十三至十五日事件之眞相，於是由政府、國家人權委員會、非政府組織和其他群衆組織於一九九八年七月二十三日成立該調查小組。一九九八年十月二十三日提出其最後之調查報告，其主要蒐集之資料係來自雅加達、梭羅、泗水、棉蘭、巴鄰旁和楠榜（Lampung）等六個城市。

該報告指出暴動的起因是五月十二日警方槍殺數名三聖大學大學生，隔天該一大學區域爆發學生暴動，然後擴散到全國各地，攻擊的對象是華裔及其房舍、商店。暴動造成生命財產損失粗估雅加達地區，志願組織之報告爲：因縱火被燒死者一千一百九十人，被武器打死者二十七人，九十一人受傷；警方之報告爲：死亡四百五十一人，受傷者無紀錄。軍方之報告：四百六十三人死亡（含軍人），六十九人受傷。雅加達市政府之報告：二百八十八人死亡，一百零一人受傷。其他地區，警方之報告爲：三十人死亡，一百三十一人受傷，二十七人被燒傷。關於性暴力受害婦女有八十五人，大多數是華裔婦女。該報告最後建議政府應調查戰略後備司令部（Makostrad, The Headquarters of the Strategic Army Command）司令普拉博沃（Lt. Gen. Prabowo，蘇哈托總統之女婿）在五月十四日召開會議之內容及其所扮演的角色，儘快將涉案的軍警法辦。⑳

排華原因的解釋

在蘇卡諾總統時期，就開始有排華運動，而此排華之原因涉及政治和經濟因素。就政治因素而言，衆多華人具有中國國籍，他們若入籍印尼，就會出現雙重國籍及雙重效忠的問題，以致於當時制訂印尼國籍法時，總是想盡各種辦法限制華人入籍。其次，台海兩岸都介入印尼內部事務，引發印尼人的不滿。蘇卡諾統治末期的一九六五年，爆發印共的武裝政變，其中有許多華人共黨分子參與，導致蘇哈托對這些印共分子進行殘酷鎭壓，被害華人無以計數。就經濟因素而言，華人控制印尼經濟，即使在鄉村地帶，華人亦有很大的經濟影響力，印尼遂強迫將未入籍華人遷出鄉村地帶，另成立各種土著的合作社，以解決鄉村的經濟問題。

▶林紹良。

以後在蘇哈托統治的三十二年間，雖然大多數的華人已入印尼國籍，但排華措施更勝於前任的蘇卡諾，各種排華法令一一頒布，對於蘇哈托時期的排華運動的解釋，有較多的學者著墨，尤其是一九九八年五月的排華運動，更引起世人的注意。前新加坡駐印尼大使李炯才對於該一事件之解釋，認爲印尼排華的主因是印尼土著和華人之間財富不平等，有許多華人「母舅公」不當獲利、炒地皮，從政府獲得合約，導致一般土著生活日益窮困。許多土著對蘇哈托與華人「母舅公」狼狽為奸的行徑不滿，他們遂起來反對蘇哈托，連帶地亦仇恨華人，而不論其是否為有錢的「母舅公」或一般的華人。[21]

林紹良在一九三七年離開中國福建前往印尼中爪哇，時年二十一歲，販賣花生、丁香、腳踏車零件和雜貨。在戰後，他販售衣服、醫藥、肥皂和食品，以及軍需品。一九五〇年代，林紹良在中爪哇的迪波尼哥羅師團擔任福利社老闆，其交涉的財務官就是蘇哈托中校。林紹良獲得蘇哈托的信任，其事業蒸蒸日上，據一九九〇年代統計，林紹良所屬的三林集團（Salim Group）的資產高達八十—九十億美元，其國內銷售額約達印尼國內生產總值的五%。[22]

因蘇哈托的蔭庇而取得丁香的進口專賣權，透過蘇哈托的兒子湯米經營丁香的進口，湯米被稱為「丁香王」（clove king）。[23]林紹良亦擁有麵粉專賣權和經營製麵廠，而獲得政府的小麥津貼。蘇哈托還給予林紹良許多政府的合約。一九八四年，印尼政府要建立煉鋼廠，林紹良出資不少。一九九〇年，蘇哈托家族的銀行瀕臨資金不足時，林紹良出資五億美元協助，挽救其危機。林紹良給予蘇哈托的子女擁有其公司的股份，例如給予蘇哈托的兒子西吉特（Sigit）和女兒涂圖（Tutut）擁有中亞銀行的二十五%的股權。蘇哈托的表弟蘇德衛卡特莫諾（Sudwitkatmono）亦擁有林紹良的麵粉廠、石化和水泥廠的股權。一九九八年五月十三日，學運的對象就是針對林紹良，燒毀林紹良的三輛車子、砍殺其個人的芻像、燒毀其住屋。[24]

▶蘇哈托夫婦與子女合影（一九六七年）。

根據一九九五年的資料，在印尼有一百家華人企業影響印尼經濟。除了林紹良外，其次有金光（Sinar Mas）集團的黃奕聰（Eka Tjitpa Widjaja）、巴里多太平洋集團的彭雲鵬（Prajogo Pangestu）、佳通集團（Gajah Tunggal Group）的林德祥（Lim Tek Siong）（經營電纜線金融和不動產）、建盛集團（Kian Seng (Bob Hasan) Group）的鄭建盛（Bob Hasan）（經營木材業）、力寶集團（Lippo Group）的李文正（Lie Mo Tie, Mochtar Riady）。[25]

關於華人是否控制印尼經濟，有不同的看法。在林紹良和印尼土著企業家伊布努・蘇托沃（Ibnu Sotovo）的支持下，由「經濟管理情報基金會」

出面，在一九七〇年代末組成了以克里斯迪安托·維比索諾（Christianto Wibisono）爲首的調查小組，以「印尼共和國國家公報附件」爲依據，對印尼近二千個外資企業和國內資本企業進行調查研究，於一九八一年三月九日完成〈一九六七─一九八〇年外國投資與國內投資的調查報告〉，報告指出，在外國投資企業中，非原住民階層股份占基本資本總額的九·七%，原住民私人股份占十二·七七%，國家資本占九·二四%，其餘爲外資，總額爲二十五億美元。在國內投資領域，非原住民階層股份占基本資本總額的二六·九五%，原住民私人股份占十一·二%，國家資本占五八·七五%，國內投資資本總額約二十二·四億美元。從上可知，非原住民或華人並未控制印尼的經濟。㉖

此外，布爾漢·馬根達（Burhan D. Magenda）於《稜鏡》雜誌一九九〇年第四期刊登一篇文章，指出印尼經濟資產中，國營企業占六十%，華人企業占二十五─三十五%。㉗一九九〇年，據印尼銀行通訊的綜合報導，一九八〇年代末期，國營企業資本有一百三十一萬億盾（約合七百億美元），占六八·二%，私營企業資金（主要爲華人）有六十萬億盾（約合三百億美元），占三一·三%，合作社有一萬億盾，僅占〇·五%。㉘據一九九八年統計資料顯示，印尼國營企業占其國內生產總值（GDP）五十%，地方合作社和小型土著企業占十五%，外資企業占十二%，其他爲華人企業和土著企業占二十三%。㉙總之，華人中富有者僅占少數，大多數華人屬於社會的中下階層，與印尼土著的中下階層相似，因爲土著中也有少數富有者。

儘管如此，各界如何看待「一九九八年五月暴亂」呢？據《雅加達郵報》在一九九八年七月三十日刊出一篇由馬斯里·阿曼（Masri Oman）撰寫的文章〈印尼華裔應對暴亂負責〉，其主要論點是駁斥排華是由於印尼土著不滿華人經濟較好的論點，原因是許多印尼土著的有錢人並沒有遭到攻擊，而排華的主因是華裔的種族傲慢態度和種族優越心理。該文舉了數個華人輕視印尼土著的例子，例如一九九五年十一月，西爪哇普哇加達一家華人店鋪主人任意指控一名土著女孩偷竊，而強迫她穿著穆斯林服裝清洗地板和廁所，作爲懲罰。一九九六年十二月，西爪哇倫格斯登克洛克（Rengasdengklok）的一名華人大聲辱罵正準備做晨禱的穆斯林土著青年。數年前，泗水一名土著年輕女傭無故遭其華裔雇主用熱鐵棒燙傷。一九九八年五月二十九日，香港《亞洲新聞》刊載一篇文章，作者郭燕妮稱其家人和親戚在雅加達呼叫印尼人爲「番鬼」，意即下等人。

《雅加達郵報》又說「人民協商議會」（簡稱「人協」）議員巴拉穆里（A. A. Baramuli）在最近與一百多位華人社團成員會面，他們彼此之間使用華語交談，顯然喜歡華語超過了印尼語。該報認爲是華人不尊重印尼國語的自傲表現。此外，印尼土著光顧哥爾多克（Glodok）商業區及其他區的華人商店，遭到輕視、不禮貌和粗暴的對待，此長期累積的怨恨，亦是造成排華的原因。與「五月暴亂」最直接有關的原因是，許多華人聯合企業不能償還其鉅額的國內外債務。華人操縱外匯，導致印尼盾貶值以及物價飛漲。最後，該文建議華人應該放棄「華人特性」，如華語、華文、華族姓名等，而同化入印尼社會。㉚該文論點很值得參考，雖然有印尼土著的主觀想法，但多少可以看出問題的所在。

另一位印尼女士則提出不同的看法，她是「國家婦女反暴力委員會」委員伊達·納迪雅（Ita Fatia Nadia），她曾將「五月暴動」強姦華婦事件呈報聯合國，她在二〇〇二年五月接受印尼《世界日報》記者鄺耀章的專訪時，提出了一個相當重要的說法。她說金融危機爆發後，人民生活困苦，「政府害怕下層的貧窮人民與大學生聯合起來對付政府，政府將難以面對人民的力量。因此，掌權者設法將人民對政府的不滿轉移到華人的身上，讓華人成爲代罪羔羊，因爲華人最脆弱，最容易成爲犧牲品，所以〔軍隊〕發動了燒、搶、砸、姦事件，讓人民的不滿，發洩到華人的身上。這就是發生五月事件的主要原因。」㉛

「人權觀察」（Human Rights Watch）組織的調查報告，亦認爲：「隨著經濟形勢的不斷惡化，反對華人的暴力活動繼續爆發。最近的事件是一九九八年八月二十八至三十一日發生在中爪哇市鎮芝拉紮的四天暴亂以及九月一日發生在亞森洛秀馬維的暴亂。那次暴亂也許是自發的，就像一九九八年一、二月份遍及全國的多數反對華人暴力事件一樣。但是政府未能解決暴力的根源，使得肆無忌憚的集團容易煽動反對華人的情緒，以達到他們自己的目的。」㉜

該報告又說：「五月十三至十五日在雅加達發生的極其可怕的暴力，當時似乎是由前一天員警狙擊手開槍打死垂薩地大學（按：即三聖大學）四名學生引起的。蘇哈托總統當時不在國內。他在開羅參加一個會議。目擊者說，一群群年輕人乘坐卡車來到華人居住區，焚燒店鋪——有的承認他們是被人花錢雇來參加在雅加達一些街區焚燒和搶掠的——表明至少暴力的一部分是有組織的。然而，這些組織者是誰，他們的目的是什麼，尚不清楚。一種流行的看法認爲同蘇哈托關係密切的軍人擔心學生抗議力量在增大，想要挑起暴力事件，以便宣布戒嚴法，把抗議活動鎮壓下去。另一種不大聽到的猜測認爲是反蘇哈托勢力自己挑起暴力，以爲這會有助於推翻總統。不論出於什麼原因，暴民頭頭們利用反華人情緒去動員搶掠暴衆，導致破壞性後果。」㉝

印尼華人對於蘇哈托政府的歧視華人政策，亦提出他們的看法。印尼華人社團領袖在二〇〇〇年十月二十二日聯名上書瓦希德（Abdurrahman Wahid）總統，列舉三項重要事實，說明蘇哈托政府歧視及鎮壓華人的作法。第一，印尼「新秩序」政府從掌權開始，就執行一系列對華人族群的歧視條例，包括通過「人協」法令、總統決定書、總統命令書、內閣主席團命令書、部長決定書、部長條例、官方通告或其他文件等，以及國家情報局設立的「支那問題統籌機構」（Coordinating Body for the Chinese Problem, the Badan Koordinasi Masalah

Cina, BKMC）和另兩項法律條例。第二，將歧視華人和一九六五年「九三〇事件」掛勾，在該事件後採取一系列歧視華人的政策。第三，一九六五年「新秩序」政府掌權後，他們懷疑印尼的華人成為中華人民共和國的「第五縱隊」。種族偏見與猜疑使「新秩序」政府把華人族群同「印共」等同對待。不同的是，他們對「印共」是進行屠殺，而對華人族群是進行精神鎮壓。目標是使所有華人族群遠離所有政治事務，使華人不會進行顛覆活動而損害「新秩序」政府。㉞

印尼卡迦瑪達大學（Gadjah Mada University）教授潘戈賓（Samsu Rizal Panggabean）和美國佛羅里達大學教授史密斯（Benjamin Smith）所撰寫的〈解釋二十世紀末葉印尼排華暴動〉（Explaining Anti-Chinese Riots in Late 20th Century Indonesia）一文，該文想解答幾個相關的問題，即為何五月暴動發生在棱羅而不在日惹？兩地相距只有六十公里。假如是民族仇恨，為何不是全國性的排華，而只是發生在幾個城市？假如軍隊介入暴亂，是否跟其想維持秩序的目標相反？為何選擇排華作為暴力形式或動員形式？該項研究選擇兩個發生排華運動的城市棱羅和棉蘭，兩個沒有發生排華運動的城市泗水和日惹。該文之主要研究發現是軍警介入棱羅和棉蘭的動亂，而沒有介入泗水和日惹。軍隊為了其無法控制學生反政府運動而轉移注意焦點到排華的策略，是一種結構移轉的策略（frame-shifting strategy）。軍隊配合暴力之目標在將群眾政治動員之結構，從針對國家移轉到針對控制經濟的華裔族群。㉟

▲Abdurrahman Wahid。

印尼三聖大學研究所所長戴哈尼（Dadan Umar Daihani）和該大學都市研究中心主任普諾莫（Agus Budi Purnomo）負責「三聖大學調查小組」在雅加達的調查工作，他們利用地理資訊系統（GIS）進行研究，其結論有三：（一）因暴動而使建築物高度受損的地區主要是佛教徒住區（就是華人住區）；（二）高度受損的地區主要集中在商業區；（三）從暴動的時空來看，在雅加達地區爆發暴力地區的各點，加以連結，點與點之間距離平均在六・五公里。而每個點幾乎是在同一個時間爆發暴力，它們是同時發生的。就此而言，暴動與華人種族和經濟問題有關，它是被引發的，是有意設計的，據此可推論在若干地區是有意造成的動亂。㊱

克林根（Gerry van Klinken）亦根據一九九八年發生暴動的每個案例所呈現的狀況，做了一個綜合的研析，他舉出如下的特點：（一）暴動是孤立的或集中在特定地區。（二）極少人被殺或受傷，被殺者或受傷者是暴民或旁觀者，而非華人店主。（三）反華情感不是暴動的主因，主要原因是經濟挫折，而非宗教或種族因素。（四）反政府的情感與地方問題有關，而非中央政治問題。（五）幾乎沒有證據顯示有系統的排華運動是由當局支持或許可。安全當局雖能謹守其專業主義，不過有時卻超過其權力，以致於因為他們無法保護華人店主的財產，此一疏忽馴至造成歧視華人的後果。（六）暴動是未可預期的、自發的或僅是因為糧食價格上漲，在地方爆發的反華人店主事件。（七）遭搶劫的華人財物，大都被集中在街上予以焚燬，並非被劫掠作為私人戰利品帶回家。（八）地方軍警行動遲緩，可能原因是裝備不良，一旦介入執行驅離暴民時，若打死人或保護華人，將可能造成麻煩。㊲

印尼一再發生暴動，從宏觀面來看，主要原因為法律不公平、貧富懸殊、宗教緊張、社會發展失衡、種族猜忌、官員貪污、社會道德淪喪、軍方掌權人物的權力鬥爭。印尼軍方則認為這些問題不可能在各地造成衝突，最大的可能性是有團體在幕後操縱利用，其發現的證據是每在暴動時就會出現煽動性傳單，而散布這類傳單者，最有可能的就是印尼共黨分子。參與暴亂的人群有三類：包括失業者、工人和大學生，這三類人很容易受到左傾思想之影響。印尼因幅員廣大，為多元文化、多元族群社會，在經濟發展過程中產生的社會分化，極易出現被剝奪感，社會衝突發生的機率會有增無減。尤其在一九九七年五月國會選舉及一九九八年總統大選前，反政府分子會出現更多的動作。

「人權觀察」組織對於一九九八年的排華運動做出特別的定性解釋，認為它是「種族化的國家恐怖主義」。該報告說：「如果發現軍隊的任何部分組織了暴力，或者甚至有意讓暴力失控，就不再能夠把五月暴亂看成簡單的又一次反對華人情緒在街上爆發。一位觀察家寫道，必須區別『以種族主義為目的的暴亂』（所發生的並不是這類暴亂）和『種族化的國家恐怖主義』（這次就是）。」㊳

注釋

①丘正歐，《蘇加諾時代印尼排華史實》（台北市：中央研究院近代史研究所，一九九五年），頁四—五。

②《申報》（上海），一九四六年九月七日。

③《新華日報（重慶），一九四六年十月一日，版十二。

④《和平日報》（南京），一九四七年八月十二日，版四六。

⑤《申報》（上海），一九四七年三月二十九日，版五七。

⑥同注四。

⑦《新民報》（南京），一九四七年八月十三日，版四八。

⑧《申報》（上海），一九四七年八月五日，版三五。

⑨同注一，頁十七。

⑩"Malari incident," Wikipedia, accessed August 21, 2015, https://en.wikipedia.org/wiki/Malari_incident.

⑪⑫Khoon Choy Lee, *A Fragile Nation, The Indonesian Crisis* (Singapore: World Scientific Publishing Co. Pte. Ltd., 1999), p. 241; 232–233.

⑬Samsu Rizal Panggabean and Benjamin Smith, "Explaining Anti–Chinese Riots in Late 20th Century Indonesia," *World Development*, Vol. 39, No. 2 (February 2011), pp. 231–242, accessed August 27, 2015, http://www.benjaminbsmith.net/uploads/9/0/0/6/900693/panggabean.smith.wd.pdf.

⑭以上數次暴動的資料取材自：Gerry

van Klinken ed., "Recent Anti-Chinese Violence in Indonesia," *Inside Indonesia' Magazine*, Digest No. 52, accessed May 21, 2011, http://insideindonesia.org/digest/dig2.htm.

⑮同注十三，頁二三五—二三六。

⑯同注十一，頁二三一。

⑰《南洋星洲聯合早報》（新加坡），二〇〇一年二月二十日，版一。

⑱《南洋星洲聯合早報》（新加坡），一九九八年八月八日，版二。

⑲《南洋星洲聯合早報》（新加坡），一九九八年八月八日，版三八。

⑳"The Final Report of the Joint Fact-Finding Team (TGPF) on the MAY 13–15, 1998 RIOT," accessed August 20, 2015, http://www.our21.com/Indo/TGPF/.

㉑同注十一，頁二四八。

㉒Theodore Friend, *Indonesian Destinies* (Cambridge: The Belknap Press of Harvard University Press, 2003), p. 233.

㉓㉔㉕同注十一，頁二四九；二四九—二五〇；二五〇，文中華人的華文姓名，承蒙印尼華文作家鄺耀章之協助翻譯，謹致謝意。

㉖㉗孔文，〈華人與印尼社會共同富裕問題〉，《華人月刊》（香港），第一四三期（一九九三年六月），頁三四—三七。

㉘蔡仁龍，〈有欠公允的責難：評哈托諾將軍關於印（尼）華經濟的講話〉，《華人月刊》（香港），第一七二期（一九九五年十一月），頁十八—二〇。

㉙《星洲日報》（馬來西亞），二〇〇一年三月十六日。

㉚馬斯里·阿曼，〈印尼華裔應對暴亂負責〉，《南洋星洲聯合早報》（新加坡），一九九八年八月二十六日，版十四。

㉛鄺耀章，《轉變中的印尼》（雅加達：印華之聲雜誌社，二〇〇三年），頁二三三。

㉜㉝〈人權觀察一九九九年度報告：關於印尼華人婦女遭強姦的爭論〉，人權觀察，http://www.hrw.org/chinese/reports/indonesia/（二〇〇六年五月十六日點閱）。

㉞《南洋星洲聯合早報》（新加坡），二〇〇〇年十月二十四日，版三五。

㉟同注十三，頁二三一—二三二。

㊱Dadan Umar Daihani and Agus Budi Purnomo, "Three Possible Scenarios Surface, The May 1998 Riot in Jakarta, Indonesia, Analyzed with GIS," ARCNews online, accessed August 16, 2015, http://www.esri.com/news/arcnews/fall01articles/may1998riot.html.

㊲Gerry van Klinken ed., "Recent Anti-Chinese Violence in Indonesia," *Inside Indonesia' Magazine*, Digest No. 52, accessed May 21, 2011, http://insideindonesia.org/digest/dig2.htm.

㊳同注三二。

歷史與現場

我在沙烏地阿拉伯王室擔任御廚（十三）

王　楓

三十三、王宮的火災

人們常講水火無情，如何預防水患和火災，始終是長期困擾人們的一個嚴重且棘手的問題。在王宮，預防火災隱患被當作一項要事來管理。王宮裡不僅配備一支專業的消防隊伍，在一些重要的建築物和場地，皆裝設固定的消防栓裝置。每逢王宮舉辦各種大型Party時，也都會在宴會廳周邊，預先放上消防水帶和其它器材。整座王宮的所有建築，都裝配防火預警設備，二十四小時專人嚴密監控，以防火災發生。我曾到王宮火災和電路終端中央監控室參觀過，整套設備法國製造，碩大的螢幕清晰地標示王宮全部建築和電線脈絡。一旦發生火警，紅色警示燈就會亮起，不間斷地閃爍，並伴有蜂鳴聲。這時，值班的工作人員要在第一時間打電話詢問，並安排相關人員到現場查看險情，及時與王宮有關部門取得聯繫，參與處置。

「防患於未然」是王宮的重要事情。在我們的廚房裡，常年配有五六個乾粉或泡沫滅火器，每年負責安全消防的工作人員都會對這些消防器材進行安全檢查和更換。每次例行檢查結束之後，都會在滅火器材上面，貼上一張檢查合格表，並且標明年月日和安全檢查人員的名字，可見王宮對消防工作的重視程度。消防部隊的警官也會到宮裡組織大家學習使用滅火器的常識，演示消防器材的使用方式，並針對不同的火勢教導如何撲救。即使如此，王宮的火災隱患還是沒有辦法完全消除，時常會因爲疏忽而發生。我在王宮工作這些年，就曾親身經歷過幾次的火災現場。

二〇〇五年十月五日，我剛到沙烏地阿拉伯進入王宮工作不久，那天是穆斯林齋月的第二日。上午九點鐘左右，

我從寢室出來後，準備到廚房工作。剛打開廚房走廊的通道大門，便看到管家老蘇丹默罕默德從我身邊匆匆跑過，我

▶王楓與哈貝貝在廚房工作。

當時還不知何故，逕直朝廚房走去。這時，與我一同在廚房工作的哈貝貝也從廚房內跑了出來。我急忙問他發生何事，哈貝貝焦急地對我說廚房失火了，我經過再次詢問，才知灶臺上的油鍋著火了——當時油鍋裡盛裝有十多斤的玉米沙拉油。然而，我們廚房裡明明擺放著幾具滅火器，可是他們卻不知所措，老管家跑到外頭去打電話報警了。雖然廚房裡有電話，但由於這時廚房油煙太大，已經根本進不去了。哈貝貝也不懂得怎樣用鍋蓋把油鍋蓋上，以隔絕空氣，阻止油鍋繼續燃燒。

這時，我已來到廚房門前，整個廚房已被一片濃烈黑煙所籠罩，看來油鍋裡的油已經燃燒了好長段時間。透過濃煙，只見灶臺上的油火還在不斷猛烈燃燒，火焰熊熊，氣味嗆人。更爲嚴重的是，灶臺上的瓦斯閥仍然沒有關掉，油鍋下面的瓦斯火還在助燃。顧不得多想了，我馬上拎起廚房門邊的一具滅火器，一頭扎進廚房，打開了滅火器對著火點一陣噴射。滅火器裡的乾粉沒有了，可是油鍋裡的火仍未被噴滅，我順勢想拿個蓋子把油鍋蓋上，然而火勢太大了，油溫過高加上黑煙，讓我根本無法靠近油鍋，幾次嘗試都沒有成功。

當時，油煙和氣味早已把我嗆得難以喘上氣來。哈貝貝見我拿著鍋蓋未能蓋上油鍋，這時他也衝到了我身旁，接過我手裡的鍋蓋，一下子扔到了油鍋上面，還好這下眞的蓋到了油鍋，只是鍋蓋還沒有全部蓋緊，他又撿起一支拖把對油鍋上的鍋蓋調整了幾下。當鍋蓋完全蓋嚴實後，油鍋的火勢逐漸一點點變小了，我趁勢馬上關掉了瓦斯開關，火勢再逐漸減弱，不一會兒的功夫，油鍋裡的火焰終於熄滅了。

不久，王宮裡負責消防安全的軍警和事務局的相關人員都匆匆來到廚房，當他們看到廚房火勢已熄滅後，都如釋重負。他們隨即開始調查火災起因，並檢查火災所造成的相應損失，而此時的哈貝貝，兩條腿正不斷地發抖，站都站不穩，兩隻胳膊不停地顫動。軍警詢問後得知，他把沙拉油倒進油鍋以後，就出去做別的事情，忘了灶臺上油鍋裡的油；等他回來時，發現油鍋已經起火

了，被嚇得束手無策。正巧這時，老管家和我先後趕來。好在這次火災沒有造成人員傷亡和房屋財產的損失，王宮事務局事後也沒有追究哈貝貝的責任。

哈貝貝這時感到頭暈，馬上去了王宮醫院。平時，他就患有高血壓，醫生給他測量了血壓，他當時的低壓／高壓分別是一三〇／二二〇。而我的口腔和鼻孔裡都已經是黑黑的，吐出的痰也是黑色的。油鍋裡十多斤的沙拉油經過燃燒已所剩無幾，廚房內白色的瓷磚牆壁全都布滿了黑煙痕跡，吸油煙罩也都被油煙熏染變成了黑乎乎的顏色，刺鼻的油煙味道彌漫在空氣中，可見當時油鍋燃燒多久的時間。因爲正值穆斯林的齋月，廚房的工作不能停，王宮事務局的相關部門馬上調集來二十多名的工人，到廚房進行徹底的清洗和保潔，當天的工作還是要照做不誤。

事後第三天，當我們廚房準備好王室成員齋月時享用的各種食物後，因爲離穆斯林開齋的時間還有一會兒，大家都相繼離開了廚房，回到自己房間稍事休息一下。然而時間不長，就聽到老管家默罕默德跑到寢室來喊廚房的人，大家急忙跟著他來到廚房，這時看到王宮負責消防安全的人已都聚集在此。一踏進廚房，便首先聞到一股煙熏火燎的刺鼻味道，上前走近灶臺，發現一鍋已經燒焦的雞翅膀，這才是真正不用黑胡椒醬調味的「黑焦雞翅」。好在當時灶臺上的瓦斯火很小，要不然又不知會發生什麼樣的後果。幸好是廚房煙霧偵測器及時報警，王宮火警安全監控室發現的早，又避免了一次險情。這次又是哈貝貝闖的禍，短短幾日，連續發生如此嚴重的事件，真讓人替他感到擔心和後怕。事後得知，這天之前，哈貝貝所在國家喀什米爾地區發生了七．六級強烈地震，哈貝貝所居住的一棟五間房的平頂房屋和六十多萬間民居盡數損毀，這對哈貝貝造成很大的精神刺激和心理負擔。

沙漠裡也時常會發生火災。二〇〇六年一月二十一日是我們準備撤離大漠的日子，那天早上沙漠刮起了大風，整個天空都是灰濛濛的。上午十一點多鐘，我們突然聽到有人驚呼著火了。當我們跑出廚房，看見沙漠上的一頂大帳篷已被大火無情吞噬，這頂帳篷是爲王室成員晚上聚集喝茶、休息、看電視而搭建的。由於夜晚燃燒的篝火未被熄滅，導致火災發生，帳篷裡頭的所有音響設備、落地電視和一些器具全都燒毀。受到當時惡劣天氣的影響，當人們發現帳篷著火時，已根本來不及趕去救火。好在沒有讓大火蔓延，也沒有造成人員的傷亡，否則火燒連營，周遭帳篷肯定都會被大火全部燒掉。不過，讓消防車開進王宮，還是一件非同小可的事，的確讓衆人都爲後果懼怕。不大一會兒的功夫，一輛推高機開來，兩三下便把燃燒過的一堆灰燼推進了沙丘，一片新的沙漠就覆蓋掉了剛剛發生的一切。

二〇一二年十二月的某日上午，利雅德王宮裡響起了消防車刺耳的鳴叫聲，王妃所在的宮殿又發生了火災，著火點是在宮殿二樓的一個房間，它位於宮殿大門上方的位置。大火把房內物品燃燒殆盡，好在發現及時，大火沒有蔓延，殃及其它的宮殿房間，要不然後果眞是難以想像。一臺安放在房間牆壁外面的背投大彩色電視，其外框都被當時大火產生的高溫烤得變了形，房內木窗框也全部都被燒掉，財產損失很大，其中還包括公主籌備婚禮時專門到法國所購買的一些物品。

經過軍警事後查明，起火原因是一名宮殿宮女在房間內放置熏香過久，事後又沒有及時撤掉香爐，才造成了這次火災。因爲阿拉伯人都特別喜愛使用熏香，就連普通百姓家裡都備有熏香香爐，王宮內每天宮女都要在一定時段點燃熏香。她們通常是將一小塊木炭點燃後，放到熏香香爐內，然後把一塊沉香木放到燃燒的木炭上，隨著木炭和沉香木一同不斷燃燒，泛著馨香的氣味便會彌漫整個宮殿，散發出一種沁人心脾、心曠神怡的芳香。這種使用熏香的方式，能爲阿拉伯人帶來更多的喜悅以及精神上的享受，尤其是在節日和婚禮上，這是必不可少的一項。每當國王要進宮時，宮女們都會點燃熏香，將宮內每間房間都進行一次香熏，這是一項非常重要且必不可少的事情。

三十四、與小動物相伴

我很喜歡飼養小動物。在沙烏地阿拉伯王宮工作的時候，我曾飼養過鸚鵡和鴿子；在沙漠裡，我還養過刺蝟。與牠們的相處中，使我的情感有了寄託，並陪伴我度過了難忘的時光，爲身處異國他鄉寂寞孤單的我和枯燥乏味的生活，增添了許多情趣，至今令我難以忘卻。

沙烏地阿拉伯王宮宮殿的建築形式屬於摩洛哥風格，這種建築具有濃厚的中世紀風貌，反映了伊斯蘭的建築特點，同時還有哥德式與歐式建築藝術相融合的特色。而在王妃宮殿屋簷下，有一大群上百隻的金剛鸚鵡喜歡把巢穴搭建在此。這群金剛鸚鵡不僅喜歡在此築巢，更偏好宮殿周遭的自然生態環境。每到午後，牠們就在宮殿周邊樹林間棲息，時而綿綿不斷地啼叫，時而在宮殿上空飛翔，渴了還會到院內的噴泉喝水，宛如一個天然鳥兒的家園。

有一天，首都利雅德市區刮起了沙塵暴，剎那間天地渾然成爲一體，一片迷茫。宮殿花匠在花園裡撿到一隻剛出生不久，被大風刮落離巢的鸚鵡，花匠知道我喜歡鳥兒，就送給了我。我請王宮裡的焊工幫我焊接了一個鳥籠，並給這隻鸚鵡起了一個名字——小布希，從此便開始飼養起這隻鸚鵡。幫鸚鵡取名叫「小布希」，是因爲這位前美國總統恰巧在那幾天到沙烏地阿拉伯進行國事

▶當時飼養的金剛鸚鵡。

訪問。

我飼養的這隻鸚鵡，全身呈綠色，雖然是隻幼鳥，但足有一個鴨蛋的大小。剛開始，我不知道應該餵牠吃什麼食物，周遭有朋友告訴我餵牠芒果、餵牠香蕉、餵牠糧食……可是這些食物，牠一點都不喜歡。當我給牠一顆蘋果後，牠倒是會吃上幾口，但總是拉稀，眞讓我手足無措！沒有辦法，我讓摩洛哥司機到寵物店去諮詢一下，阿卜杜拉回來告訴我：「寵物店的人告訴他，不能給鸚鵡蘋果吃，牠會鬧肚子。鸚鵡喜歡吃葵花籽，每天還可以給牠準備一點水，牠的肚子不好，可以給牠吃一點藥。」

在我的細心調教下，這隻鳥兒的體質逐漸恢復，一天比一天長大，最明顯的是牠尾巴的羽毛長長的，比鳥兒的身體還長。每天下班回到寢室，我都會先去看看牠。一看到牠，我一天的疲憊都拋諸腦後，緩解了緊張的工作頻率和精神壓力，也平添了一絲生活樂趣。清理鳥籠，替牠添加水和食物，又成了一份我每天必做的事情。周圍朋友告訴我鸚鵡會學舌，讓我教牠說話，可我卻沒有時間和精力與牠長時間攀談，到最後牠也不會學舌。雖然牠不會學舌，但每當我一回到寢室時，牠就會在鳥籠內上躥下跳地飛個不停，不時鳴叫，那種鸚鵡的啼鳴聲聽起來非常悅耳。很有意思的是，房裡沒人時，很少聽到牠的鳴叫；可只要我一打開房門的那一瞬間，牠就會開始鳴叫。

有一次，正當我清理鳥籠時，一不留神，牠從籠子裡飛了出來，因爲室內的門窗都關著，我也沒在意，讓牠在屋內飛吧！清完鳥籠，我又去忙其它事情，沒去理會這隻鸚鵡。到了第二天早上，我要去王宮工作時，發現這隻鸚鵡已經自己回到了鳥籠。我在想，這隻鸚鵡可能是餓了，因爲牠已適應了自己的家，知道只有在牠的籠子裡，才能有吃有喝。從此以後，每次我在清理鳥籠的時候，都會讓牠飛出來，隔日，你就會發現牠會自己回到鳥籠，這已成了習慣。更有趣的是，你在客廳上網看電視，牠會跳到桌子一角，與你面對面，一聲也不叫；但每當電腦和電視播放音樂和歌曲時，牠的尖叫聲會壓過音樂的旋律，眞有些與歌聲爭鳴的感覺。爲了避免牠的叫聲，我在房間是不敢播放音樂和歌曲的。

回國休假期間，我會把餵食的任務委託給宮裡的朋友。一個月以後，當我再次回到王宮時，牠已長到四十多公分的長度。當我們與國王返回利雅德王宮的時候，我還特意準備了一個小紙箱，單獨把牠給裝上，隨身帶上飛機。回到利雅德王宮時，已是傍晚時分，因爲晚上要爲王室成員準備晚餐，我們馬上都回到了廚房，開始工作。由於鸚鵡的鳥籠託運還沒有到，我只好把裝在紙箱裡的鸚鵡，先放到了廚房外面，準備在晚餐結束以後再去照料牠。忙完晚餐以後，我想起了我的「小布希」。然而，當我來到放置鸚鵡的地方，卻看到一個令我非常吃驚的情景。盛裝鸚鵡的小紙箱依然還在，可是我所飼養的鸚鵡，已經用牠那尖利的嘴角在紙箱啄開了一個鵝蛋大小的圓孔——「小布希」飛走了。

看到這番景象，很是讓我傷感無

奈。一隻飼養了兩三年的金剛鸚鵡，就這樣不辭而別，和我拜拜了，不過，我的心裡很釋然，我知道牠回自己的家，去找牠的伴侶去了。那個蘇丹老管家聽說我養的鸚鵡自己飛走了，笑彎了腰。他取笑我說：「鸚鵡比你聰明多了，你眞是一個傻帽。」以後，我又陸續養過幾隻同樣的鸚鵡，就連到沙漠工作時，我也會把牠們帶上。當結束一天工作後，回來看到牠們，會爲我增加許多快樂，進而緩解了我整天緊張的神經。我這次回國的時候，我的鳥籠裡還飼養著一隻陪伴了我三年的金剛鸚鵡，因爲不能把牠帶回國內，我只好隱痛割愛，送給了與我同在廚房工作的印度人馬述（Ma Shu）。

▶當時飼養的刺蝟。

記得二〇一三年年初我在沙漠工作時，某天與我們一同工作的孟加拉工人杜拜（Zhu Bai）送給我兩隻刺蝟，他是在一堆雜木叢中發現的。沙漠中能發現小動物，總會帶給人一些意外的欣喜和強烈的生命存在感。我找來了一個大紙箱，把牠們放在裡面，我知道刺蝟屬於雜食性的動物，便把雞肉切成丁和青菜一起去餵牠。牠們白天大都捲曲著身子睡覺，到了傍晚牠們就開始活躍起來。

幾天後的一個上午，當我打開紙箱蓋子準備餵食牠們時，突然發現多出兩隻兩公分左右、拇指大小的怪物，粉紅色的身軀，我猜想這一定是新生的小刺蝟，仔細觀察後，發現一隻刺蝟正在分娩，這是刺蝟的家族在添新丁。我很高興，馬上把兩隻刺蝟分離開，然後拿來攝影機記錄下刺蝟分娩的過程。前後半個小時的時間，相繼又有四隻小刺蝟來到了這個世界，當第六隻小刺蝟出生後不久，我發現剛才分娩的刺蝟在吃自己分娩時帶出來的一樣東西，我猜想這應該是牠的胎盤。這些剛出生時間不長的小動物，眼睛還未睜開，整個身體不能捲縮，牠們在紙箱內，東一頭西一下，因爲我在紙箱裡鋪墊了沙子，這些新生的小動物連翻身都很吃力，讓我吃驚的是，牠們剛出生時身上一點毛也沒有，可是過了兩三個小時後，身體開始出現了軟軟的白色毛刺，到了晚上，身上的毛刺居然長到了四毫米左右，並且已經有了硬度。當我用手輕輕去觸碰牠們的毛刺時，它們竟本能地挺身扎人，我在想，眞是天地之造化，動物在自然界的生存本能眞強。

這些小刺蝟整日都依偎在刺蝟媽媽的懷中吃奶，當聽到有的小刺蝟發出吱吱叫聲之時，刺蝟媽媽這時便會挪動一下身軀。與我一同在沙漠工作的朋友們，看到這樣的場景也大感驚訝，他們還特意到沙漠中去抓一些黑色的小甲殼蟲來餵食刺蝟。只是刺蝟媽媽不願意挪動身軀，我只好用筷子夾住甲殼蟲送到刺蝟媽媽的嘴邊，在工作中忙裡偷閒，倒也饒富情趣。

摩洛哥司機阿卜杜拉看到這些初生不久的小刺蝟，提醒我說，牠們需要一個窩，紙箱裡不能光是沙子，還要有棉花。我說在沙漠，到哪去找棉花？他竟然把他睡覺的枕頭拿來，拆開後取出裡面的棉絮，讓我放進紙箱。阿卜杜拉問我：「你回王宮的時候準備把牠們帶回去嗎？」我回答：「還沒有想好。」如果近期離開沙漠，我眞不知道怎樣來處置這些小動物。

接下來兩天所發生的事情，卻是讓我感到不可思議。當我早上查看牠們的時候，發現已有一隻小刺蝟死掉了；到了晚上，又有一隻小刺蝟死去。等到了第三天，剛出生不久的小刺蝟只剩下兩隻了，共有四隻夭折了。我一時很無奈，同時我發現刺蝟媽媽的右腿腫了起來，這時我想起了，三天前兩隻大刺蝟曾放在一起，我曾親眼目睹一隻刺蝟用牙齒死死咬住另外一隻刺蝟的腿不放，還是我把牠們分離開的。我找來馬述，和我一起在受傷刺蝟的腿上塗上消炎的藥膏，然後纏上紗布。

到了第四天，僅剩的兩隻幼崽，一隻沒有了腦袋，而另一隻不見蹤跡。

▶王楓與葉門廚師在廚房合影。

這時，一起在廚房工作的葉門廚師告訴我：「幼崽是讓刺蝟媽媽吃掉了。」我說：「窩裡有食物，牠怎麼可能去吃自己的幼崽？不可能。」葉門廚師接著說：「野生刺蝟在分娩時，是不願意讓人看到的，這是一定的。」我還是疑惑不解，半信半疑。本來，我還想把牠們帶到王宮飼養，但是看到眼前的景象，最終我還是把這兩隻大刺蝟都放生了。

我喜歡小動物，也熱愛花花草草，我的寢室裡常年都擺放著許多鮮花。每當結束整天緊張的工作，回到寢室後，看見房內美麗綻放的花朵，宛如少女青春的面容，婀娜多姿，楚楚動人。它們爲我的生活和工作注入了活力，能使人產生一種奮發向上的動力。花的芬芳、花的嬌艷，原本是因爲有了一個熱愛生活、嚮往生活美好的人。

三十五、當誠實的天平傾斜時

每個人的心中都有一個天平，做人的標準不同，天平上的砝碼也是不一樣的。但是要做一個正直的人，誠實的砝碼是一定不能缺少的。然而，當面對得與失和各種利益的誘惑時，有些人便會把虛榮、貪婪、欺騙、奸詐……這些令人不齒的醜陋行徑，暴露無遺地盡顯在衆人面前。

王宮內有著來自不同國家、不同民族、不同膚色、不同信仰形形色色的人。事務局負責王宮裡所有人的工作和生活安排，而軍警部門首要工作任務則是擔負著保衛王宮、國王及其王室成員的安全，除此以外，還要負責對每天、每時、每刻在王宮裡工作和在國王周遭的這些人的安全防範，以杜絕任何安全隱患出現。尤其是每當國王和王室成員出行時，更是讓事務局和軍警部門動足腦筋、費盡心機的一項重要工作。國王出行時，除了會安排大量的軍警人員外，還會有一大部分的工作人員和廚師隨行。

二〇〇七年國王曾到訪亞洲一個國家，事務局安排一位在王宮工作的歐洲國家的廚師長來負責國王的膳食。有一天，國王在用膳時，品嘗到一種特別新穎的食物，國王很是喜歡，便隨口問身邊侍從：「這是哪位廚師烹製的？」當時與國王隨行的這位廚師長得知國王很喜愛這道美食，馬上應允是他親手烹製的。其實，這道食物是從當地購進，並非是這位廚師長製作的。畢竟紙包不住火，作為一名能夠服侍國王的廚師，為了虛榮而說假話，這是絕對不可以原諒的事情，王宮豈能容留這種人在國王身邊工作。不論你有多麼大的技能和多麼高超的才藝，在國王身邊工作的人，首先需要的是誠實可信。沒過幾天，這位廚師長便被打道回府了。

黑拉拉（Hei LaLa）是一位來自孟加拉的年輕人，當年他在我們的廚房工作時，還不到二十歲。他是從王宮的大廚房借調到王妃的廚房來做清潔工作的，與我們一塊工作不到三年的時間。他是一個手機控，為了能與遠在孟加拉國內的未婚妻通電話，在一個月的時間內花掉了他一個多月的薪水。雖然身邊有人多次告誡他，可是無濟於事，他的哥哥也在王宮裡工作，曾經多次勸阻過他，為此兩人還拌過嘴吵過架。他借錢也要去給電話充值，我就曾借過錢給他，半年多以後才還給我。

我們在廚房工作是沒有休息天的，大家為了能一個星期休上半天，私下我們自己商議，每天有一個人傍晚時可以休息不工作，黑拉拉的休息時間是週六。可是有兩年多的時間中，每當到了週六，晚餐都會安排Party，因為廚房只有兩位負責清潔的人，每逢Party時，工作量便會加大、增多，因而廚房有Party時，我們是不能有一個人休息的，過後又不可能串休（輪休）。那段日子，一到了週六，我們廚房幾個人都會拿黑拉拉開開玩笑。後來他回到了大廚房工作，有一次我倆相遇，他很得意地對我說，每週可以有休息天了。然而好景不長，他回到大廚房後不久，他與另外三個同在王宮裡工作的來自孟加拉的廚工，卻被王宮事務局給辭退了。

究其原因是這幾個來自孟加拉的人冒領了賞金。我們每年都會被安排與國王和王室成員隨行，去到國外和國內的一些地方，而每次隨行大都會得到賞金。有時，我們是結束了當地工作後即刻就能領到賞金，有時也會拖延個把月才會看到賞金。

那一次我們結束當地的工作，跟隨國王返回利雅德王宮之前，每位隨行人員都拿到了王宮事務局發給我們的賞金。然而，這件事過去了半個多月以後，由於當時還有少部分的人員因先期回到王宮，賞金並沒有全部被領走，王宮事務局後續補發給那一少部分的人賞金時，也誤將孟加拉的四位廚工重複列入了補發名單。如此一來，這四個來自孟加拉的人，明知已經領取了屬於自己的那份賞金後，每個人都揣著聰明裝糊塗，一聲不吭地又把本不該多得的賞金裝進了自己口袋。後來的結果是，這四位難兄落得同樣的命運——不予追究，一併辭退。其實，人是不該有貪心的，人們常說：貪心不足蛇吞象，一時的貪念往往會讓有些人悔恨晚矣，追悔莫及。

▶在廚房工作的馬述。

與這四人形成鮮明對比的是，後來到我們廚房工作的印度廚工馬述。我們每個月的薪水，事務局都會到月底時，把錢匯到固定的銀行，我們每人都有一張銀行卡。那一天，馬述去銀行準備提取卡裡的錢匯給家人，他本人卡裡的錢不多，有四位數字。然而，馬述在辦理完相應手續後，這位沙烏地阿拉伯的銀行職員卻給了他五位數字的錢。馬述看到眼前這麼多的鈔票時，本能反應是告訴幫他經辦手續的銀行職員，錢給錯了。可是，這位銀行職員卻非常肯定和固執地告訴馬述，這筆業務沒有錯，這是他銀行卡裡的錢。

馬述很認眞、很堅定地回覆：「我的銀行卡裡不可能有這麼多的錢，一定是你們搞錯了。卡裡有多少的錢，我心裡非常清楚，比你們都明白。」看到馬述一本正經的樣子，這位銀行職員又重新開始覆核剛才這筆業務，當他發現是自己的工作出現了問題後，非常自責，一個勁地對馬述重複說：「麻利世、麻利世（阿語：對不起、對不起。）」馬述的行爲讓他頗爲感動，在辦理完全部的業務後，這位銀行職員站起身，特意從工作間內走了出來，擁抱了馬述，連聲向馬述道謝，並親自送馬述出銀行的大門。

與我在同個廚房工作的哈貝貝，有個朋友也來自巴基斯坦，他倆已交往多年。這位老兄在王宮裡擔任一個部門的負責人，王宮還爲他和他家人免費提供了住處，他的兩個孩子也都在沙烏地阿拉伯本地上學。本來頭一天，我和哈貝貝還一同搭他的車出宮去巴塔（Batha，沙烏地阿拉伯的商業區），可是隔天他本人卻被王宮的軍警扣押起來送進監獄。

原來，一段時間以來，他經常利用自己常年在王宮工作之便，以及與大廚房廚師交往密切的關係，在大廚房常年管理工作不到位，無人監管、漏洞百出的情況下，私底下與個別廚師串通一氣，將整箱的雞肉、沙拉油等食材，利用自己的轎車偷偷運出王宮，然後再將這些貨品變現賣掉。因爲不是一次兩次，王宮軍警在得到線報後，這天早上，他開車準備出宮時，攔截了他的轎車，人贓俱獲，抓了個現行，即刻被關押了。同時，還將與他共謀的人一併抓獲，關進監獄。事情發生後不久，由王宮事務局出面解決了這件事情，他在監獄裡僅被關了半月二十天。出來後，他沒能再踏進王宮半步，馬上開始給自己和家眷辦理相關的回國手續——王宮把他辭掉了。

說起來，這也並非是個案。王宮裡實行的是供給制，每個在王宮工作的人，都是免費吃住。相關的管理部門缺失、管理人員缺乏管理經驗、管理設施不配套，這些都是造成那段時期問題突出、事情出現最多的主要原因，尤其是在阿卜杜拉就任國王初期，王宮廚房根本不計成本，流失現象非常嚴重。被王宮事務局辭掉的這位巴基斯坦籍部門頭頭，採取裡應外合內外勾連，而另一位在廚房工作被軍警扣押起來的印度人，則因瞞天過海的行爲。

來自印度的這位阿里，開始是在大廚房做清潔工，後來被提拔擔任驗貨員，每天要對廚房購進的各種食材進行驗收和簽字。他利用自己工作的便利條件，與幾位廚房的清潔工合謀，他們經常會把廚房裡的一些食材偷運到王宮外面分銷。這一次軍警截獲的食材裝了大半車，他們每次都是利用王宮的送餐車來進行運贓，因爲這種特殊的改裝送餐車在王宮內有幾十輛，天天時不時都會進出王宮，很能蒙蔽外人，設置在王宮大門前的軍警也不會輕易檢查這些車輛。

軍警檢查後發現，車廂內裝有整箱的沙拉油、整袋的大米、整箱的雞肉等。他們屬於團伙作案，幾個人一同被關進了監獄。後續的處理我們不知下文，倒是開車的司機兩天後便又回到了宮裡，還是幹他的本行，他本人開脫自己沒有參與其中，不知道他們的內幕。一個多月後的一天，當他們幾個人再次出現在大家面前時，是帶著手銬，在軍警的武裝押解下，到宿舍取回自己的行李——他們全部都被遣返回國了。

阿卜杜拉國王每年都會去沙漠住上一段時間，因爲隨行人員增多，事務局會從王宮外面借調一部分的廚師來補充廚房人手不足的問題。我們廚房也因爲工作量的增多，而臨時增加廚師，從大廚房再調來四五個幫廚。二〇一一年我們隨同阿卜杜拉國王到沙漠時，因爲王妃要求找一位擅長烹製米飯的廚師，大廚房特意爲我們增派來一名沙烏地阿拉伯的本地廚師。

其實，王宮大廚房裡沙烏地阿拉伯本土的廚師寥寥無幾，因爲很少沙烏地阿拉伯人願意從事服務業的工作，無論是大型超市、餐飲業、服裝店，還是加油站、各種商業店鋪，極少看到沙烏地阿拉伯人的身影。即使能看到他們，也只是幾個管理者。所有這些工作大都是由來自阿拉伯國家或其它國家的人員補充，尤以菲律賓、葉門、印度、巴基斯坦、斯里蘭卡、孟加拉居多。大廚房派來的這位廚師，他烹製的米飯的確很對王室成員的口味，尤其是木炭奶油米飯更是道地。雖然個人的廚技不錯，但是他本人的品行，卻很難讓人恭維。

我的日常工作是負責整個廚房的運作管理和掌握食材的使用，每天必須與事務局的採購部進行溝通，及時補充廚房所需的各種食材。在沙漠工作期間，工作量的增大，也同樣使補充的食材增多。然而，工作一段時間後，我發現沙拉油的用量有些超常。正常情況下，每天三箱足矣（每箱六桶／每桶兩公斤），可是有時晚餐還沒開始料理，廚房裡的沙拉油卻已用光，這是很不正常的情況。留心觀察後，終於找到了答案，這位從大廚房來的廚師每天都會多取幾桶沙拉油，把它放到閒置的大鍋裡，上面再用一些裝大米的空袋子蓋住，來掩人耳目，等到午餐過後，他會取出來，把這些食用油放到他的轎車後車箱裡。這是一件很讓我傷腦筋的事，告訴王妃來處理不現實，讓軍警在宮門口攔截他，既影響工作，彼此間又會鬧得不愉快；況且，他家裡還有幾個上學的孩子。

為了不影響工作，我只好明確控制每天廚房各個崗位用油的數量，這樣一來，他似乎也心知肚明。在我們準備離開沙漠的那天，我突然發現放在廚房裡的一整袋印度大米不見了，經過詢問，才知道是這位廚師搬上了他的轎車。我當時很生氣，這有些太過分了。我不想讓他被軍警扣留，便讓他把那袋大米從轎車上搬下來，沒成想他卻大發雷霆，認為我不通情理。說實話，在王宮裡工作，到廚房裡拿點吃的，少拿點用的，大家也都睜隻眼閉隻眼，沒有人去計較，因為畢竟這裡不同於酒店和飯店。

我告訴他：「如果是十斤八斤就算了，即使是小半袋也罷了，但這畢竟是五十公斤一整袋的大米，你也不怕被軍警扣押。」他卻講：「出事是我的，不關你什麼事。」我非常嚴肅地告訴他：「我已經知道了這件事，不可能視而不見，今天這袋大米你拿不走，你不怕後果嚴重就把它拿走。」我把大米從車上卸了下來。他真有膽量，因為他的腿腳有些瘸，竟然讓廚房廚工幫他把大米搬上車，我只好拿起手機拍下現場，結果那兩個廚工害怕沒有幫他搬。事實上，每當我們要離開沙漠時，廚房裡都有很多的剩餘食材，最後王宮事務局會派人派車來把這些食材全部取走。但也有一小部分常年留守沙漠工作的人員，會趁機把廚房裡的食材搬走。每次我們撤出沙漠的時候，你會看到軍警拿著手銬，開著警車攔截趁機渾水摸魚的人。

事後不久，一天，我開車去王宮事務局辦事。走到一個十字路口時，我減慢了車速。這時，斜對面也開來一輛車，我有意讓他先開過去；然而，他卻讓我先走。我還是準備讓他先過，這時我注意到汽車駕駛室裡坐著的，正是在沙漠期間曾與我一同工作過的那位擅長烹製米飯的廚師，他這時也看清楚了是我，他降下車窗，伸出一隻胳膊，朝我擺了擺手，我也朝他會心一笑，伸出手臂向他示好，真是不打不相識呀。

讀史之頁

《王家瑞日記》劄記

張桂琼

前言

王家瑞字少溥，生於光緒廿一（一八九五）年，卒於民國四十六（一九五七）年，①王迺斌（一八七〇—一九四五年）長子，②妻傅增濬（一八七〇—一九〇九年），③次女仕蓮（約一八九四—？），④妾某氏淑和（生卒不詳）。⑤王氏爲晚清候補府經歷，畢業於奉天法政專門學校，⑥歷任印鑄局參事、⑦印鑄局幫辦、⑧奉天省長公署參議、⑨瀋陽縣縣長、⑩天津土地局局長、⑪天津社會局局長等，⑫並於民國十（一九二一）年接任父親商農銀行總理之職。⑬

王家瑞遺有日記手稿六函，共三十冊，起自光緒卅（一九〇八）年，迄於民國卅七（一九四八）年，中缺民國三（一九一四）年、民國四（一九一五）年、民國八（一九一九）年至民國十二（一九二三）年、民國卅一（一九四二）年、民國卅五（一九四六）年等共九年紀錄，悉藏於天津南開大學圖書館，稱爲《王家瑞日記》，未嘗刊行出版。

▶王迺斌。

《王家瑞日記》主要記錄姻族交流、交遊會客、書信往還等日常瑣事，卻保存了大量本家、姻親傅氏與內姐丈水崇遜，⑭以及奉張父子等政要顯貴婚喪壽喜的信息，反映民國又一親屬圈的緊密交流。

早於八〇年代初，大陸學者魏明已發現《王家瑞日記》在奉張研究的重要價值。王氏父子既爲張作霖（一八七五—一九二八年）親信，不僅知悉張氏的生辰，⑮也見證民國十七（一九二八）年「皇姑屯事件」前後部分機密事宜。⑯魏氏參考《王家瑞日記》，先後於民國七十一（一九八二）年、民國七十三（一九八四）年寫成〈關於〈皇姑屯事件始末〉一文的幾個問題〉與〈張作霖出生日期小考〉，誠謂奉張研究的新發現，訂正補充當時的材料。

前人已就《王家瑞日記》中王、張的關係有所研究，今觀江安傅氏的材料時有不明、宜斟酌之處，又見現存水崇遜的資料極爲匱乏。是故，本文著眼於王家瑞與傅、水兩家的連繫，串連《王家瑞日記》的脈絡，以劄記的形式作一介紹評述。

王傅姻親概觀

民國元（一九一二）年一月十九日，王家瑞與傅仕蓮燕爾新婚。仕蓮幼失怙恃，婚事由三叔父傅（一八七二—一九四九年）夫婦主理，⑰而且傅家是累世同堂的大家庭，民國初年尚未分家，使王家瑞婚後恆常與傅氏長輩往來。其尤惦念長輩生辰，每年祝賀如儀，鮮有掛漏；又參與家族大小事務，包括婚喪壽喜諸事宜，大都載於日記。

再者，王家瑞作爲傅家子婿，家族信息往往較先聞知與準確，並忠實地記於日記。所以，《王家瑞日記》堪足與其他傳家史料並列，比照互證、勘誤訂正。茲略舉數例明之。

民國二（一九一三）年五月十一日，傅仕蓮來函通知王家瑞，傅世榕（約一八四一—一九二五年）嫡室劉氏（王家瑞稱「傅家祖母」，約一八四二—一九一三年）於五月五日離世；對照王式通（一八六三—一九三一年）所撰〈清故資政大夫直隸懷安縣知縣江安傅公墓誌銘〉，謂劉氏歿於癸丑年陰曆三月丙戌日，⑱換算爲公曆一九一三年五月五日，與《王家瑞日記》所載吻合。

民國十四（一九二五）年一月十八日，傅世榕（王家瑞稱「申甫祖岳」）於當日午前逝世。王式通所撰墓誌銘云，傅世榕歿於甲子年陰曆十二月癸卯日，⑲即公曆一九二五年一月十九日，與前文存有一日誤差。然而，長者死生實屬忌諱，家屬不致於誤記，亂了宗祀大事；何況，王家瑞的記述準確至時辰，料應可靠。另有言傅世榕卒於民國十三（一九二四）年十二月，⑳乃以陰曆混淆公曆所致，宜加釐清。

民國十五（一九二六）年七月十一日，王家瑞記「傅沅叔叔岳（即傅增湘）自申江歸，早車入都，至站送之，猶未知仲華姻兄逝世六日之耗也，傷哉」。同月十六日，傅增湘致函張元濟（一八六七—一九五九年）謂：

> 別後〔陰曆六月〕初一日〔公曆七月十日〕抵津，大沽口風浪甚猛，擱冗三時許，余尚平穩。初二〔公曆七月十一日〕到京，始知舍姪已於〔陰曆五月〕廿七日〔公曆七月六日〕夭逝，驚痛不可為懷。先兄既亡，尚冀此子支持門

戶，今則悉集孤身矣。㉑

兩相比對，考出逝者（傅增湘語「舍侄」）為傅仲華卒於一九二六年七月六日。今尚未能找出傅仲華的資料，但按傅家命名的習慣，仲華一輩名應帶「譔」字，故「仲華」料為表字，「仲」則暗示兄弟排行第二。其次，傅增湘語「先兄」估計是傅仲華之父。傅增湘只有長兄增淯（一八五八—一九二五年），㉒仲兄增濬，二人皆於一九二六年前去世，蓋因增濬獨子傅德譔（生卒不詳）表字伯進，㉓不是仲華，故前文「先兄」或指傅增淯，即增淯、仲華可能是父子。

▶傅增湘。

民國廿（一九三一）年七月十七日，王家瑞夫婦到協和醫院，看望傅增湘側室渠淑媛（約一九〇二—一九三六年）及其新誕之女。民國廿五（一九三六）年，傅增湘撰〈側室如蘭君小傳〉，謂渠氏辛未歲（一九三一年）誕女，不幸幼女七日夭折，㉔與《王家瑞日記》紀錄一致，另可見傅氏女出生、夭亡便在七月十七日前後七日之內。唯《王家瑞日記》與〈側室如蘭君小傳〉均未記載女嬰名字，後來也很少被提及。

民國廿一（一九三二）年三月廿三日，傅忠譔（一九〇五—一九七四年）與胡素荇（？—一九七八年）結婚，王家瑞以年長同輩，襄理婚禮事務。《王家瑞日記》呼應傅增湘〈七十自述〉謂「洎於壬申（一九三二年）為長男忠譔娶婦胡氏」，㉕又進一步補充傅胡婚禮日期及王氏的角色。

綜合而言，王家瑞熱心傅家事務，每每參與其中，可見關係之良好緊密。此外，王氏旅居天津，到傅家京津各宅走動亦較方便，比遠在揚州的傅德譔（王家瑞內兄弟）、㉖屢年外放的水崇遜，始終多能親歷傅家各事，是以《王家瑞日記》足與傅家各種材料互相補充修訂。目前傅家的資料較少提及王家瑞，令兩家竟似遠親。若然因此輕易放過《王家瑞日記》，事實可嘆。

王水連襟概觀

水崇遜娶傅增濬長女詳蓮（又作祥蓮，生卒不詳），㉗係王家瑞的內姐丈。大概水氏長年在地方任上管理鹽務，至一九二六年水氏返京前，二人鮮見聯絡。嗣後，水氏家眷留京，兩家不時互邀餐約筵會，皆錄於《王家瑞日記》。承前文謂水氏資料於傅氏、奉張之中最為匱乏，《王家瑞日記》無疑為水氏生平提供重要的新材料。

一九三一年四月廿八日，水崇遜為岳父朱允欽逝世，在北京廣濟寺開弔。這透露水氏岳父不啻傅增濬，另有朱允欽，反映其妻室可能多於一人。參考《金問泗日記》，民國卅四

（一九四五）年十一月廿日條，金問泗（一八九二—一九六八年）為水崇遜夫人撰寫輓聯：

〈輓錦雯〉
乘程艎我來重慶，欲往成都，旋行旋罷，六姑傳語無由達；
助丈夫撫育兒女，支持門戶，盡瘁盡勞，一病纏身竟不瘳。㉘

金氏語「錦雯」為水崇遜夫人芳名，上聯「六姑」應指金氏妻朱美芳。㉙一九二六至一九四五年，王、金日記均無記錄水氏婚姻有變，權且作此十九年只有朱允欽女錦雯這位水夫人。錦雯夫人乃四川犍為人，㉚以吳昆吾（一八八八—？）夫人朱氏與朱美芳姊妹為姑，至少於一九二六年已嫁予水崇遜；傳詳蓮卻以不明原因，離開歷史視線，僅見於〈仲兄學淵先生家傳〉。

由是觀之，民國十六（一九二七）年十一月三日晚，王家瑞赴水崇遜宅，賀其生子彌月；該子應為錦雯所生。反之，一九三一年七月廿三日，王家瑞夫婦往祝水崇遜長子生日，如他倆以姨父姨姨身分出席，則此子未必是錦雯所出，自非前文彌月的水氏子。

民國廿三（一九三四）年三月十三日，水崇遜四十九歲生辰，礙於未知虛齡或實齡，謹可考其生年為一八八五年、一八八六年之間。同日，王家瑞因水氏素食，攜鮮果四色，親致祝賀。這條紀錄顯示水氏飲食習慣，與陶宗震（一九二八—二〇一五年）回憶錄謂「水崇遜是個吃齋念佛的人」相呼應，㉛從中反映水氏信仰佛教。

《王家瑞日記》就水崇遜的紀錄，固不一而足，以上僅述其要者，卻竟補足了〈仲兄學淵先生家傳〉、《金問泗日記》的空白，可見此書乃水氏生平、家庭研究不可多得的參考材料。

另外，王家瑞、金問泗各記錄了一九三二年的「李頓調查團」，均連繫到水崇遜。李頓調查團成立於一九三一年一月十二日，成員為英、美、法、德、義五國代表，由國際聯盟行政院任命，調查九一八事變後的滿洲情勢。㉜調查團於同年四月九日抵津，㉝王家瑞父王迺斌、吳景濂（一八七三—一九四四年）與鮑貴卿（一八六七—一九三四年）等三位旅居天津的東北元老，積極參與會見各國代表。㉞

王家瑞於此前三月十九日成北京招待調查團委員會成員，㉟四月九日與寓居水崇遜處的金問泗相約飯聚；㊱四月十二日於水宅會晤金氏，談調查團赴東省事，席間提及日本電拒中國代表顧維鈞（一八八八—一九八五年）前往，未知調查團何日成行。四月十九日，金問泗勸說顧維鈞取消前往東北，但對方去意已決，又希望金氏同往；但金氏婉拒

▶吳景濂。

顧氏，因在滬曾聲明不往，兼之父金兆蕃（一八六九—一九五一年）、妻朱美芳力阻。㊲當晚，調查團偕同中日代表啓程東北。㊳

王家瑞屬東北奉系，金問泗爲外交官，兩人的日記交織出「李頓調查團」在津史的另一面。水崇遜身爲王氏內姐丈、金氏內姪婿，爲二人擔當中介，三人成爲「李頓調查團」的一個板塊。縱然目前的紀錄瑣碎，卻不失爲研究提供基石，以繼續鑽探下去。

結語

王家瑞是個規矩忠實的日記者，儘量利用日記每一方寸，記錄生活要事，乃至於每日天氣，不經意把姻親傅氏、水崇遜的日常保存起來，爲其生平家世提供更多資料，而本文僅擇錄其中要者。對比過去討論江安傅氏，不外乎傅增湘的藏書、生平；至於水崇遜則以鹽官身分，在民初地方鹽務、稅收研究上談及。畢竟大都面對資料匱乏的問題，如未有新材料問世，則難以展開深入詳細的討論。故而針對《王家瑞日記》的發掘、考證，無論印證現行史料，抑或補足空白，於史學界大有積極的意義。況且，日記中更有不少民國人物未嘗考出，尚有研究、發掘的空間與必要。

此外，日記的附頁如書信收發、開支用度、通訊錄等亦飽含豐富的資料，如記錄了王寵惠（一八八一—一九五八年）、㊴陸宗輿（一八七六—一九四一年）㊵等的聯絡住址，便於發信，反映王家瑞與他們有所往來，逐步構建出以王氏爲中心的交往圈子。縱然王氏躋於民國人物之列，未及他者亮眼，或有任新民聯協會正議長的污點，㊶仍涉足於民國的上流社會，與不同人物都有交情，卻作默然的歷史記錄者，著實可惜。

▶金問泗。

目前《王家瑞日記》尚未出版，而以其卅多年的材料，出版亦堪爲大工程。本文綜合《王家瑞日記》有關傅、水的描述，僅列數項已可與現存出版材料相互補充校正，足見其價值；倘能付印出版，於民國史研究自有莫大裨益。

注釋

①藹維，〈舊時王謝堂前燕　飛入尋常百姓家（上）〉，《中外雜誌》，第二期（二〇〇五年二月），頁四〇—四一。（按：「藹維」乃王家瑞外孫，母爲王氏次女。）

②王迺斌，字恩溥或恩甫，晚清、民國官員，四女家瑜嫁予吳俊陞孫鐵鋒，五女家璿嫁予袁世凱孫家宸（一九一九—二〇〇二年）。

③傅增濬，號學淵，傅增湘次兄，與甯氏（？—一九〇八年）有一子德謨、二女詳蓮與仕蓮。

④傅仕蓮，又作士蓮、壬蓮或任蓮，別號若華。

⑤某氏淑和，又作淑姬。

⑥王氏簡明履歷附於民國五年（一九一六）《王家瑞日記》。

⑦《政府公報》，第一八一五號（一九二一年三月十二日），頁三九五。

⑧〈王家瑞為印鑄局幫辦〉，《順天時報》（北京），一九二七年一月二十四日，版三。

⑨《奉天公報》，第五八八二號（一九二八年八月二十六日），頁數闕如。

⑩〈瀋陽縣長王家瑞君〉，《大亞書報》（奉天），一九二九年十二月十日，版二。

⑪〈王家瑞任津土地局長〉，《申報》（上海），一九三〇年十月六日，版六。

⑫〈張學銘赴津就市長職　秘書長內定鄒尚友　胡若愚同行將赴平〉，《申報》（上海），一九三一年四月二日，版七。

⑬〈王家瑞將任商農銀行總理〉，《順天時報》（北京），一九二一年四月三十日，版七。

⑭水崇遜，字次慧，又作次惠，江蘇阜寧人。

⑮魏明，〈關於〈皇姑屯事件始末〉一文的幾個問題〉，《歷史教學》，第十期（一九八二年），頁六〇。

⑯魏明，〈張作霖出生日期小考〉，《天津社會科學》，第三期（一九八四年），頁六九。

⑰傅增湘，〈仲兄學淵先生家傳〉，收入嚴希慎、陳天錫，《江安縣誌》，一九二三年排印本，頁三十七上。

⑱⑲王式通，〈清故資政大夫直隸懷安縣知縣江安傅公墓誌銘〉，收入王式通，《志盦遺稿》（臺北：文海出版社，一九六八年），頁一五四；一五三。

⑳孫榮耒，《近代藏書大家傅增湘研究》（濟南：山東大學中國古典文獻學博士學位論文，二〇〇七年），頁六。

㉑張元濟、傅增湘，《張元濟傅增湘論書尺牘》（北京：商務印書館，一九八三年），頁一三一。

㉒傅增湘多稱長兄為伯兄，取伯為長之義（伯仲叔季之「伯」），常被誤為堂兄。

㉓傅熹年整理，〈《藏園日記鈔》摘錄〉，《文獻》，第二期（二〇〇四年四月），頁二四四。

㉔傅增湘，〈側室如蘭君小傳〉，《青鶴》，第五卷第一期（一九三六年），頁三。

㉕王森然，《近代名家評傳（二集）》（北京：生活．讀書．新知三聯書店，一九九八年），頁二五三。

㉖李小文、孫俊，〈文友堂藏傅增湘手札〉，《文獻》，第四期（二〇〇七年十月），頁一五五。

㉗同注十七。

㉘張力編輯校訂，《金問泗日記一九三一—一九五二》（臺北：中央研究院近代史研究所，二〇一六年），頁七四三。

㉙朱美芳，別號玉君，四川犍為人，一九二四年五月三日與金問泗成婚。

㉚金問泗謂岳家老宅於犍為五通橋竹根灘。參考詳見張力編輯校訂，《金問泗日記一九三一—一九五二》，頁六二五。

㉛陶宗震，〈回憶我父親陶祖椿和于學忠將軍的交往及任甘肅製造局局長始末〉，收入中國文民政治協商會議甘肅省委員會文史資料委員會編，《甘肅文史資料選輯》，三十八輯（蘭州：甘肅人民出版社，一九九四年），頁九四。

㉜顧維鈞著，中國社會科學近代史研究所譯，《顧維鈞回憶錄（第一分冊）》（北京：中華書局，一九八三年），頁四二五。

㉝中國人民政治協商會議天津市委員會文史資料委員會，《近代天津十大寓公》（天津：天津人民出版社，一九九九年），頁一七三—一七五。

㉞同注一，頁四〇。

㉟〈北平組委員會　招待國聯代表〉，《申報》（上海），一九三三年三月十九日，版七。

㊱㊲㊳同注二八，頁二二；二三；二三。

㊴王寵惠聯絡住址附於一九二四年《王家瑞日記》。

㊵陸宗輿聯絡住址附於民國二十二（一九三三）年《王家瑞日記》。

㊶〈新民聯協會昨行揭幕式　褚外長代表主席致訓〉，《申報》（上海），一九四四年十月二十七日，版一。

隨筆漫談

梁實秋與線裝書

計緯

《雅舍小品》，素以濃郁的英國隨筆氣息著稱，可是行文中時見純正的中國古文筆法，加以作者隨手引用的大量古書、經史子集，甚至醫書、佛經等，非常貼切，出人意料卻又恰到好處，大有畫龍點睛之效。這是因爲，梁實秋雖然精通英文，爲翻譯莎士比亞的泰斗，但自幼飽受正規的傳統教育，終生對線裝書懷有特殊的感情。

一九〇三年，梁實秋出生於北京內政部街的一個官宦、書香之家，梁父酷嗜金石碑版，家宅的前院有自己專用的書房，所藏皆小學類，梁由母親啓蒙，後來進了學堂，家中同時請著塾師，住西跨院的兩間北房，兩間南房本來堆置書籍，後來改爲梁的書房，其中有一部小字本《古今圖書集成》，「擺滿上與梁齊的靠著整垛山牆的書架，取上層的書須用梯子」。

▶梁實秋。

《古今圖書集成》是康熙朝編成的中國古代規模最大，用處最廣，體例最完備的一部類書，共一萬卷，分三十二典，六千一百零九部。雍正四年，用銅活字印了六十四部，清末民初出過小字本。這樣一部「巨著」，尋常學者也不一定置得起，梁府有之，則其他四部之富，可想而知。

梁的少年時代，讀過一些蒙書，讀過《詩經》等典籍，讀過《古文觀止》、《古文釋義》，讀過《水滸》、

《紅樓》等小說，進了清華大學，還買過坊間石印本《綠牡丹》。在大學裡，他更加「窮搜冥討」，覺得「張之洞的《書目答問》不足以厭所望」，有一天聯合了幾名同學跑進城，請執教於北大的胡適開了那個著名的「最低國學必讀書目」，回來刊在《清華週刊》上。

民國年間北京的學人，沒有不愛好淘舊書的。梁實秋年紀輕輕，亦深染此習，他極喜杜甫的詩，曾在海王村遇到一部蔴沙本杜詩，按說價不甚昂，掌櫃又一再讓利，然而那也不是一介學子力所能及的，「往復摩挲，不忍釋手」之後，應店主之請，做一跋文，黏於卷末，聊識因緣而別。因為得到一部洪業（號煨蓮）主編的《杜詩引得》（哈佛燕京學社出版），梁實秋按圖索驥，收集了六十多種版本的杜詩。那些書，後來大多留在大陸未曾攜出，只有一部仇兆鰲的《杜少陵集詳注》，商務印書館「國學基本叢書」本，一直帶在身邊，晚年開卷，書頁都變成焦黃色了。梁清楚地記得，這個鉛印本，是民國廿五年五月廿五日，在東安市場的一個書攤廉價購得的，儘管紙張粗劣，校仇未精，遠遜木刻本，但有標點，讀起來方便。

梁喜愛書畫，在清華組織過一個名為「清華墨戲社」的書法社團，精讀了包世臣《藝舟雙楫》、康有為《廣藝舟雙楫》等書法理論，接觸了大量碑帖。每年暑假，梁父會請一位儀徵人陳止，字孝起的，來家教導兒子國學。這位陳先生是典型的舊派名士，詩詞文章，無所不能，尤愛搜羅古玩，對梁實秋日後研究、欣賞舊學的興趣，影響很大。一九二三年八月，梁清華畢業赴美留學，父親特意買來同文書局石印大字本的「前四史」——《史記》、《漢書》、《後漢書》、《三國志》，要兒子在異國他鄉「有空翻翻」，這十四函線裝書，占了梁實秋出國行李的一半空間。

▶楊振聲。

三十歲之前，梁實秋讀書尚處在被動與興味之間；三十歲後才是「發奮讀書，不敢懈怠的時候」。一九三〇年，梁應楊振聲校長之請，由上海到青島，擔任國立青島大學外文系主任兼圖書館館長。學校草創，經費充足，他廣事購儲英國文學的重要典籍外，在國學方面也下了功夫，「先開列書目，明白何者宜優先研讀，何者宜稍加參閱，還注意到版本的優劣和選擇」。這期間，他自覺地讀了大量的線裝書。一九四九年，梁執教中山大學，受外文系主任林文錚的影響，開始讀佛典，《六祖壇經》常引起他「超然的遐思」。

到了中年，梁對中國古籍有了較為全面而深刻的見解：「凡是中國人皆應熟讀我國之經典，如詩、書、禮，以及《論語》、《孟子》，再如《春秋左氏傳》、《史記》、《漢書》，以及《資治通鑑》或近人所著通史，這都是我國傳統文化之所寄。……他如子史之類，則各隨所願。」儘管喝過多年洋墨水，他卻一直「對線裝書有一分偏愛」，對吳稚輝的名論——線裝書都該丟進茅廁，始終耿耿於懷，在多篇文章裡述及，並坦言，如果一定要丟，他「寧可丟洋裝書，決捨不得丟線裝書」。當年搜集的杜詩中，有一部「古逸叢書」影印本宋版蔡夢弼《草堂詩箋》，他後來追憶：一卷在手，想見原書版面之大，刻字之精，紙張墨色之佳，確是令人愛玩不置，在箋注、校勘方面，或許它的用處不大，但這部書本身就是一件無上的藝術品。

到臺灣後，百廢待興，書籍難得，近知命之年的梁氏更加用功，他從友人處借到一部石印線裝本《十三經注疏》，「置於廁內，雖云不敬，但逐日流覽，稍得大意，亦獲益不淺」，認識到「讀經是一件很重要的事」，中國無論專攻何術的學人，都須對經書有相當的瞭解，因為這是中國傳統文化的基礎，只當它是一部古書來讀，看作聖典，或者看作絆腳石，「皆非事理之平」。不久，梁又從頭到尾圈點過一部石印本《資治通鑑》。人言「前四史」最重要，他認為那是文章好，從「史」的角度看，最好讀通史。

梁實秋說魯迅的文字「用文言的地方最為雋永深刻」，「一半由於古文的本身是典雅有味，一半由於魯迅先生引用得靈活巧妙」，他自己的文章又何嘗不是這樣？舉一個極小的例子，〈北碚舊遊〉寫他們泡溫泉——「換上泳裝在池裡『載沉載浮』了一下午」，這裡四個字的古文，比「游」或「游泳」用字略多，可表達出生動活潑之致，比後者豐富得真不可以道里計了。

這種效果，不讀線裝書，如何取得？

史料與史學

中央工作日記（一四〇）

阮毅成 遺作

民國五十五年

元月三十日　星期日

下午八時，至中央黨部第一會議室，參加晚間會報。由谷鳳翔主席。

主席報告：據王師凱黨部報稱：「據報，有本黨籍紛歧代表表示，目前四種政權中，以創制複決兩權不能行使，而此次副總統之選舉，聞中央將提一人爲候選人。如此選舉權亦沒有了。請中央增加副總統候選人之提名，俾國大代表能自由選擇。按，政黨提名，向例只能提一人，第一次國民大會時，李宗仁、孫科、程潛等均競選副總統，以致造成大亂，往事具在，可資殷鑑。」

谷正綱報告：「二月一日國大臨時會開幕，一切工作均已準備就緒。憲政研討會原由總統兼主任委員，該會工作報告，已奉諭只由該會秘書長提出，兼會長不作報告。」

冷欣報告臨時會主席團不另行選舉案，已有五百餘代表簽署。但有若干代表提出依照規定，主席團應由代表互選，今不予選舉，與規定不合。又有代表提出改爲無記名限制連記法，即每一人可圈選五人。

我謂限制連記，與規定不合，且亦不合民主原則，應不予考慮。至爲配合選舉規定，可將原案另行修改，作爲由大會推選第三次會議主席團爲臨時會主席團候選人，此案通過後，再由預備會議臨時主席將原有八十五人名單提付大會通過，組成臨時會主席團。所缺八人，應如何補充，請今日會中決定。

谷正綱、郭澄、冷欣均贊同我意見，我乃即席將原案修正文字擬妥。所缺八人，張寶樹主張以第三次會議選舉結果得票次多數者依次遞補，衆皆贊成，我乃亦爲之寫入案文內。

主席問現在修正之案文，是否即交國大黨部付印，已簽署者，即將其名字移入新案並繼續徵求簽署。谷正綱謂既與原案文字不同，宜作爲另一新案，另徵求一部份人士簽署提出。郭澄反對，其理由爲中央如交付兩案，同志間易感混淆，且兩案目的相同，只文字上有差別，而同付討論，徒然耗費大會時間。

主席謂修正文字後仍爲原案，不必另作

爲新案。

李壽雍提出若干國大代表反映意見，謂以臨時條款規定討論創制案與複決案之集會後，憲法第三十條第四款之臨時會是否即已予以排除。請明白宣示，以釋群疑。

我謂並未排除。因憲法既未修改，臨時條款中亦未規定將憲法第三十條第四款凍結。故如有五分之二代表簽署，仍可請求總統召集臨時會。至召集與否，憲法並未規定總統必須遵守之限期。

李問如總統召集時，可否討論創制案或複決案？我謂憲法第三十條第四款之臨時會，憲法並未規定必須具備何種理由，與前三款之各有原因者不同。換言之，只須有五分之二代表簽署，即可請求召集。臨時會且可討論修改憲法案，則召集後有創制案或複決案提出，自亦可討論。

李謂如此則若干化表可以放心，並未駁奪甚請求召集臨時會之權，對中央交付簽署之提案，將更樂於簽署。

谷正綱謂後日下午國大臨時會預備會議，討論主席團不另行選舉案，至關重要，應由國大黨部預先佈署得力之發言人，準備辯駁。如該案否決，不但選舉費事，且紛歧代表提之修改議事規則改用無記名表決案，必將通過，中央經此兩大失敗，則所發生之兩權案，亦必在大會中兇多吉少，中央威信固然掃地，且將結城下之盟，對總統與副總統之選舉，亦必有惡劣後果。

冷欣、滕傑、夏季屛均謂在後日會場中，均已有聯絡佈置，但冷欣謂主席團不另選案，未必有通過把握。然主席團即使另選，亦並不致對其他各案與總統副總統選舉，發生嚴重影響。

談至十時四十分，散會。

元月三十一日　星期一

下午三時，列席中央常會，輪值陶希聖主席，只到常委八人。

首由第五組報告五十四年十二月份社會動態，爲車禍一三二次，火警二十八次，兇殺九件，傷害二十八件，搶奪十一件，匪空飄汽球十七件。又台中、宜蘭、花蓮等縣及台北市發見反動賀年函件一批，內容係鼓動台灣獨立，免爲反攻大陸犧牲等語。

又報告特種黨部分析當前有礙軍民合作之因素：

一、軍愛民不夠熱忱，不夠純誠。二、社會步入工業化所產生的變態心理。——軍人待遇微薄，社會一般人心理，總覺得和窮軍人打交道，沒有什麼好處。三、軍人的暴行事件，在軍營內肇事，攜械出走，軍警圍捕，雞犬不寧。在軍營外肇事，如與民衆發生糾葛，殺害對方，株連全家，釀成滅門慘劇，南投、桃園均曾發生此種事件。四、軍中部份領導幹部邀功取譽。五、軍人干預外事，如地方上公開助選，包庇不法紳商，假藉軍中福利名義勾結商人走私漏稅等。六、退除役官兵在社會上表現不良，有的給黑社會保鏢，有的到處化「霸王緣」。七、軍隊中少數官士不健全。有的一味討好新兵，有的在新兵面前，揭發上司陰私。八、軍隊不察民情，抵冒地方忌諱。九、語言隔閡。十、少數民衆頑固不化。十一、殖民地教育遺毒作祟。十二、陰謀份子，挑撥離間。十三、軍民合作組織，未能充份發揮功效。

次由第四組報告日本影片進口問題，經陶委員希聖與日方一再商洽，茲擬：一、五十三年及五十四年日片既未進口，配額取消；二、五十五年日片進口三十部，十片輔導國片，十片按四十六年至五十一年進口日片實績分配；十片按五十二年實績分配。三、進口片商如有違法情事，得取銷其分配日片資格。

次由第二組報告：反攻作戰第一階段中央支援戰地黨務補助專款，約需三千萬元，以爲組訓、文宣，及特種工作，與工作督導，工作獎金幹部救濟之用。

主席謂應由中央財委會預爲籌措。

次由中央政策委員會報告，憲法小組所

擬國民大會設置研究機構之臨時條款條文，經我說明後，鄭彥棻補充說明，主席諮詢有無異議，無人發言，乃照案通過。

郭澄謂此不必另行向國大臨時會提案，在國大審查會中，予以列入，作為審查案，向國大大會提出即可。

次報告例案數件，四時半散會。

元月三十一日　星期一

下午五時，代表中央，至國大黨部，參加其常務委員會議，說明中央對國大有關問題各項決策。亦有多人提出若干事項，對中央頗有誤會，經詳予解釋。其最重要者，為中央不重視國大黨部組織體系，將同志強分為支持中央與反對中央，並聽信謠傳，不敢與代表同志接近等。

我答以我不管組織，但相信中央不致有此偏差。近日中央各負責同志過份忙碌，照顧不週，事或有之。我深知中央各單位手忙腳亂，只有個人的活動，而無整體的運用，但不便對國大黨部各常委言之也。六時散會。

元月三十一日　星期一

下午八時，至中央黨部第一會議室，出席晚間會報，由谷鳳翔主席。

主席報告：憲法小組所擬設置研究機構之臨時條款條文，今日下午當面報告總裁，得其核可。

又謂明日下午國大臨時會預備會議討論主席團案，必須充分準備，務求勝算。冷欣、謝然之均謂無勝算把握，是否可以考慮改變決策。

我謂今日已來不及考慮改變，現中央之案，已有五百餘人簽名。如於開會前夕，又改為可以另行選舉，對此五百餘人如何交代。且開會前夕，使分歧份子聞悉中央可以改變決策，則以後有關兩權案，更難貫澈。現在只有努力堅持到底，能勝固好，即不勝，亦已盡全力，可告無罪。

李壽雍、冷欣均謂案文是否可以再予修改，俾一般代表認為不另行選舉，並不違法。冷欣並謂現有三十餘位支持中央決策之國大代表，在國大黨部等候，可否由阮兄同往，向彼等再作一次說明。我謂可，乃與冷同去。

到國大黨部後，我再次說明中央決定以不另行選舉為原則，此並非憲法小組之決定。憲法小組認為主席團改選與否，並非憲法問題故未予討論。此乃中央常會之決定，總裁亦有最好不改選之指示。至不改選是否違法，查國民大會歷次會議均由預備會議決議沿用第一次會議之選舉辦法，共為四條。在臨時會未決議亦予沿用以前，選舉辦法尚未產生，自不發生違背與否問題。今所考慮者，為國大組織法第五條規定：「國民大會設主席團，由出席代表互選八十五人組織之。」但並未規定互選方式，是否必須用票選，用推選自亦屬合法。

王昌華謂中央第一次發交之案，已有五百餘人簽署，昨晚發下修正文字，擬以此五百餘人移為新案提案人，萬一有人否認修正文字，分歧份子可以宣傳中央對已簽署之案，任意修改，將使若干代表聞而生疑，甚至對中央擁護心理發生動搖。

我謂昨晚中央討論時，本有兩說，前可仍用原函，另將昨晚修正案，再予修正，使其成為選舉辦法形式，亦仍為四條，即請王昌華兄執筆。王寫就後，我再略加潤飾，並特別規定用舉手表決方式通過，以預為抵制修改議事規則條中之無記名投票。並當場由王廷拔首先簽名，擔任提案人，在坐者均簽名連署。連同已有五百餘人簽署之中央第一次案，一併提交大會，並由國大黨部通知全體同志，對兩案均可支持，因其文字與形式雖有不同，而其不另行選舉主席團之目的，則屬一致。

我與冷欣再回到中央第一會議室，就此事提出報告，眾皆同意我之處理方式。

旋復就明日大會發言事，指定十八人發言，支持中央決策。谷正綱謂主張改選者，亦已提案，簽署者人亦不少，明日在會中必有爭論。中央爲有充份時間佈置爭勝計，明日會中最好不加表決，留待後日，則明晚尚有時間可以利用。又既不準備表決，則明日預備會議主席團仍由何應欽擔任，而將王雲五留俟後日表決時，再請其任主席，俾得發揮其決斷能力。

談至十一時始散。

按，二月一日上午八時，國大黨部書記長冷欣約集在大會會場擔任聯絡工作之國大代表二百餘人，在三軍俱樂部共進早餐，由我到會說明臨時會主席團不另行選舉案之理由，到會者對我昨晚之再修正文字均表贊成，於九時散會。

按，二月一日晨，接余井塘電話，謂中央對臨時會主席團不另行選舉事，似可不必堅持。只要兩權案能照中央意見通過，其他各事可以放鬆。我謂現在已不能放鬆。因一表示放鬆，將爲若干代表誤爲事事均可放鬆，兩權案亦無法貫澈中央決策也。余氏又謂以往重要會議，中央秘書長不斷與出席人員見面，尤其對持相反意見者，經常親自疏解。總裁亦必舉行茶會，面予說明。此次中央每日自早點以迄晚飯，每日三餐，一再招待，均只限於所謂忠貞同志，所費甚多，而應邀者仍只爲同一批人士，效果不大。我謂總裁預定有茶會，招待全體國大代表同志。至每日三餐，我咸爲法定陪客，亦頗感厭倦。昨晚六時，中央一組主任張寶樹在菸酒公賣局禮堂宴國大代表三百人，我雖到場，但未入席，先退。以連日奔波，而晚間八時又有會報，頗需要有一小時之休息也。

元月三十一日　星期一

接郭驥、張寶樹兩函，分配支持王雲老當選國大主席團選票。第一批七人，我只識嚴靈峯、葉國強，即於午前分訪之，代雲老致候。第二批五人，均係鐵票，實已無須再由我聯繫。且今日事忙，亦無暇奔走。第三批五人，均爲在中央負責之同志，可謂係鐵票，亦足見中央對雲老之尊重也。

我接第三批名單後，余井塘、谷正綱、郭驥均曾當面對我表示，絕對尊重中央支配，支持雲老。我即轉報，雲老至爲欣然。後因臨時會主席團不另選，可稍緩再與其他各人聯繫，備四次大會選舉時用。

按第四次大會開幕前，我即爲王雲老奔走，接洽主席團選票。及至二十五日選舉，開票結果，雲老得十二票當選。二十六日午，遇郭外川，郭分析此十二票來源爲：張益東、谷正綱、余井塘、吳錫澤、宋化純、黎子玉、冀象鼎、江秀清。路國華、邱增鑑、吳正、及雲老本人。其他由中央支配之票，均未照投。

在投票前，我曾問雲老，有可接洽之票否，雲老曾提出：

楊業孔　因楊任國有財產局局長，雲老謂在行政院任副院長時，對楊支助甚多。我曾親訪楊，又託董文琦兄轉達，楊亦曾面允。結果楊自己競選主席團，只得七票落選。董對楊之不守信用，對我謂政治實太殘忍了。

何聯奎　雲老謂初與何不相識，係陳雪屏介紹至故宮博物院任職，與同人多不協，且辦事亦無成績。博物院遷台北，以蔣復聰任館長，雲老顧全友誼，仍命何副之，有此等關係，應可得其一票。我乃託郭外川問何，何堅決拒絕，謂已決定投黃仁俊，不能變更。雲老對何頗不愉快，曾數次爲我言之。

顧毓琇　雲老謂顧之著作，均在商務印書館出版，雖明知其有若干種未必有銷路，仍爲其印行，顧到台北之日，雲老命商務總經理徐有守至機場迎接。徐曾向顧探詢，顧謂決定投張其昀，其他任何人不考慮。

金瑞林　雲老謂金之子耀基，由其約至商務任事，並委以籌備恢復《東方雜誌》重責。雲老命徐有守問金，金謂不能投雲老，但可爲雲老另覓一票。某日，金以電話致我，謂鄒馨棣代表臥病於空軍醫院，如我往訪，可投雲老。我乃至醫院訪視。次晨鄒之夫楊愷齡來訪，謂雖夫婦二人同爲國大代表，生活仍難維持，盼能爲鄒在台灣銀行謀一研究工作，不必經常上班，並能配宿舍一棟，藉以減輕房租負擔，我當辭謝之，謂無此能力。楊謂與其妻只得另投他人，係早已約定者，我謂聽便，雲老必不見怪。楊謂其夫婦二人均在中國公學畢業，與雲老有師生之誼，且第三次會亦係投雲老者。我謂雲老已有十餘票，君等既已允諾他人在先，亦不便使君等失信於人也。

林繼庸　張惠長　林伯雅　雲老謂此三人皆係廣東同鄉，可以鄉誼說之。我首訪林繼庸，林謂已允他人，但張惠長與林伯雅上次係投雲老者，此次可無問題。及至第四次大會開幕，張惠長表示須投馬超俊，林伯雅並未拒絕，但結果未投。

李熙謀　雲老謂李係交大校長，此次聘其爲中山學術基金會董事，又係浙人，希往洽詢。我乃訪李，李當表示絕對支持。其後因民社黨之孫亞夫幾不能產生，孫與李相熟，再三來訪，須李投其一票，我乃得雲老同意後，通知李改投孫。

詹競烈　雲老謂係廣東同鄉，在行政改革會時代，約其任秘書，私交不錯。我乃託陳□颺問之，詹謂現在僑委會工作，必須投現在之長官僑委會委員長高信。

以上雲老自己認爲有關係者九人無一人可以爭取。因以其票源須完全依賴黨中央。郭外川兄爲之分配十餘票，其中認爲鐵票之高信，並未照投，郭外川因須支持孫亞夫，乃臨時補配吳正一票，吳景寧人，與郭爲浙江處州同鄉。前曾一度參加民社黨，不願投孫亞夫，外川只得臨時與之交換。谷正綱於投票日上午七時來電話問我，爲雲老佈置幾票，我只答以十五。谷謂彼本人以人格擔保，絕對投王。選舉結果，谷個人獨得一百票，成爲歷屆大會最高票紀錄。

雲老於聞悉選舉結果後，來電話向我表示致謝。因我對中央所分配各投票人，均曾一一拜訪，兩次宴請，並隨時以電話聯絡。無電話者，又於投票前一日下午再度訪談。在個人言，確已盡了全力。雲老初無意再任大會主席團，而中央則必欲其擔任，既命我爲聯絡人，對雲老又不得不隨時報告情況，請客時又兩次勞其親自到場，介紹見面。故我對中央分配各國大代表同志謂，與其謂徵調諸君支持雲老，毋寧謂徵調雲老爲國家與本黨服務也。

二月一日　星期二

下午五時，應中央四組謝主任然之約，至自由之家，出席時事座談會，說明中央對國大各項問題決策，達一小時。今日到有各報社社長、發行人、總編輯、採訪主任、及各電台負責人士，共計六十人。我報告後，未有人提出意見。

下午八時，至中央黨部第一會議室出席晚間會報，由中央谷秘書長鳳翔主席。

谷正綱報告今日下午國大預備會議，本擬請何應欽主席，何謙辭，乃改推薛岳。主席團案因發言者多，未能表決。明日上午必須表決，已決定由王雲五主席。會場空氣，多支持王廷拔案，（亦即昨晚我在國大黨部所決定之新修正案。）如能通過，則明日下午即可舉行主席團會議。如遭否決，則明日下午只可休會，另推主席團候選人，後日下午投票選舉。

主席謂必須發動全體國大代表同志，一致支持，務須獲得通過。並在表決程序上，先與王雲老聯絡，取得有利條件。

主席謂國大代表蕭新民、王俊士送來提案，請示中央是否可以提出。我謂蕭王之案與中央既定決策有所違背，應通知其不可向大會提出。其違背之點，爲：

一、蕭等主張爲研究憲法及創制複決案而設置憲政研討會，則該會必將演變爲行使兩權之常設機構。

二、蕭案主張兩權行使辦法須依憲法第一七四條第一款之修憲程序制定，是則為憲法與臨時條款外之第三種憲法。而本黨能否掌握如此多數之代表，因無把握。在反對者且可謂係中央故意提高通過人數，使兩權行使辦法無法通過，而責中央對該辦法之成立欠缺誠意。

三、蕭案主張國民大會為討論創制案與複決案得舉行臨時會，由第四任總統於任期內召集。此種規定，一若國大六年一次之常會與依憲法第三十條第四款召集之臨時會，不得討論有關兩權之條件。且明文規定第四任總統任期內必須召集，對總統所加之拘束亦過大。中央有鑒於第三次會議遺留下來之臨時會問題，招來太多麻煩，此次萬不可再作第四任總統任期內召集臨時會之承諾，以免後患。

與會各人均贊同我之意見，決定將原案退回，勸蕭等不可提出，並支持中央業已決定之兩權有關提案。

談至十時，散會。

二月二日　星期三

上午八時，至靜心樂園參加國大黨部所舉行之早餐會，到國大代表三百人。我說明王廷拔案之優點，請在大會表決時支持。我並代王兆槐、冷欣擬一通函，致對王兆槐案原簽名連署之五百餘人，即席發出：

「兆槐前為臨時會主席團不另行選舉事，向大會提出議案，荷蒙　台端贊成簽名連署，至為感謝。現閱王廷拔同志提案，用意相同，而其所提辦法，較兆槐原案，更為妥善，欣亦有同感。茲請於大會主席提付表決時一致舉手，俾其得以順利通過。兆槐感同身受，欣亦同拜大德。」

蓋王兆槐案原亦係中央所發交者，如不發此函，對原連署者不能交代。其所以須由國大黨部書記長聯名者，蓋可表示，原係黨部所發動也。

八時五十分，谷正綱趕到，多數代表均已離席，手持小紙片，係王雲老手書之提案。其用意亦係主席團不改選，但辦法稍有不同。我謂現已有王兆槐與王廷拔兩案，若干代表同志已感分不清楚。今如再有王雲五案，是則三五並列，更必混淆。且大會即將開始，亦來不及向同志說明。況王雲老並非黨員，要代表同志支持黨外人士提案，說服上亦頗困難。谷謂今日上午須請雲老主席，如不接受其意見，恐其不高興。我乃即以電話致大會會場主席台，雲老已到，我勸其不必另提，以免多所紛擾，雲老立即同意。谷乃急趕往會場，出席大會。

我於九時離開靜心樂園。

二月二日　星期三

上午十時，列席中央常會，總裁主席。

總裁指示：三中全會定三月七日舉行，地址在復興岡政工幹校。本黨總統候選人，由中央評議委員會提出建議。會期四日，十日可以閉幕。關於中央處理國民大會有關經過，應在全會中提出報告。

次由中央紀律委員會報告：

一、據調查局所送資料，立法委員唐嗣堯在抗戰時期，與中央某情報機關有關係，曾受命至汪偽政權機構工作，與偽政權中高階層分子，具有相當關係，前在大陸，與民盟、九三學社份子如張東蓀、張申府輩均有相當之關係。抗戰勝利後，在北平市參議會副議長任內，響應奸匪和平運動。最近在立法院似提出質詢，內容荒謬，經決議予以開除黨籍。

二、監察院副院長選舉案：

（一）李嗣聰因立場不堅，鑄成錯誤，其本人已於去年十一月十五日函呈總裁，對未能貫徹中央命令，表示愧疚。今後願加倍努力，以資報效。

（二）監委黨部常務委員馬慶瑞，與其他有關同志十六人，參加去年八月二十日悅賓樓敘餐，舉行假投票，推于鎮洲為候選人。中央正式提名張維翰後，仍表示支持于。又監委張一中態度亦與馬同。監委蕭一山則於陳訪先投選張維翰之票，故意塗抹，致造成廢票。茲經決議，馬張蕭三人均免予追究，以示中央寬大之至意。

（三）監委曹啓文於去年十一月十五日及二十九日，兩次在《時與潮》撰文反對中央提名張維翰。並謂去年五月間中央一組主任張寶樹向監院黨部下達總裁指示，「院長屬意李嗣聰，副院長由監院各同志自由選舉」。不久，秘書長谷鳳翔在婦女之家，宴請監院黨部諸委員，再度重申前意。並攻訐張維翰因執政黨提名，不惜違反民主選舉常規，損害監察院歷年選舉的優良傳統，繼續競選，以達其取得副裁之頭銜。同仁厭此選波之無味，又念，其年近八旬，老人若再遭失敗，恐影響其健康。對中央及張同志污蔑過甚，經決議曹停止黨權一年。

（按中央紀律委員會主任委員馬超俊因係國大代表，往國大出席，今日係由副主任委員周昆田報告，總裁似不識其人，問坐於其旁之副秘書長郭驥，郭說明周之身份後，總裁點首。）

總裁謂唐之文字係響應共匪，至少應該開除黨籍。曹啓文係黨校畢業，前在甘肅海爾任專員，我對其措施不滿意，加以責備，他即自此反對黨。似此等人，尚有何姑息必要。過去我因邊疆人才難得，多方愛護，而他不自愛如此，現在只有開除黨籍。

次由第四組主任謝然之報告「加強戰鬥文藝之領導，以爲三民主義思想作戰之前鋒」案，準備提出三中全會討論。

嚴家淦謂案中謂於教育部內設文化司，與總裁以往指示電影、廣播、電視應由行政院新聞局主管不符。

張其昀謂新聞局與教育部均屬行政院，而行政院應爲一整體，內部可以分工。廣播、電視、電影係與新聞有關，自可屬新聞局。文藝詩歌、音樂戲劇的創作，係屬靜態的欣賞，應可屬於教育部。並充實國立編譯館，推廣出版事業，以糾正現在出版商專以翻印外國書與古書爲業之趨向。

總裁謂可照張意見辦理，又黨中央亦可增設第七組或一個委員會策劃推動文化事業。共匪對文化工作最爲重視，本黨以往在這一方面一向落後。此後必須加強，如設一委員會，我願擔任名譽主任委員。

時爲十一時半，國大秘書長谷正綱趕到，報告國大預備會議今日上午舉行，表決主席團案，王廷拔案（即我前日晚間在國大黨部決定之案經王昌華執華而由我潤飾者）獲得通過。明日上午討論議事規則。

總裁謂：有人要修改議事規則，主張重要案件採用無記名投票，此斷不可行。其目的在逃避黨紀制裁，且對選民不負責任。必要時我可以國大代表身份，親自出席會議力爭。

午刻散會。

散會後，我對謝然之謂：今日所提出之戰鬥文藝案中，有兩段宜予修改：

一、既謂大量的青年學生，在報紙、雜誌上發表創作。又謂當前學生不問個性與興趣，競欲投考理工、醫、農科系，影響文藝人才之培養與成就。此兩段話係屬矛盾。

二、「中山文化基金已決定爲六千萬元，應請指定一千二百萬元爲文藝基金，生息運用。並須置於本黨的掌握運用之下，始能配合黨的政策發生效用。」中山基金現爲六千五百萬元，乃全國人士所捐募。其文藝創作審議委員會，係由本黨中央常委張道藩與兄（謝然之）任正副召集人，委員名單亦係兄開列，其中多爲本黨同志。今可於案文中作如此敘述，不但示人以不廣，且有明知故昧之嫌。

謝允照修改。

二月二日　星期三

午刻，中央常會散後，谷秘書長鳳翔臨時召集午間會報，除晚間會報出席人員外，陶希聖亦參加。

滕傑謂今日主席團案只為序戰，真正主力戰場係在明日之議事規則案。小勝之後，不可大意。

張寶樹謂明日表決議定規則時，須準備會場照相與暗中點名，以便日後對不遵從中央決策者，予以紀律制裁。

谷正綱謂今日下午國大主席團將提名秘書長、副秘書長。本年茲預先聲明，俟第四任總統選出後，必辭去國大秘書長職務。若非祖宗不德，決不會擔任此種職務。至副秘書長二人，原係民青兩黨各推介一人。此次是否原人連任，抑請兩黨另推，請決定。

谷鳳翔、陳建中均謂兩黨內部現正有糾紛，只能仍由原人繼任，如另提，必又增加新的困擾。

谷鳳翔又謂關於兩權案，照修憲程序，按現有國大代表報到人數，須有一千零五十人贊同，始得通過。目前趨勢，聯誼會方面因絕對不能達到此數，我方提案連署人雖已近千，但表決時是否皆能舉手，亦無把握。我方目的，重在使「兩權派」人士所提各案勿使通過。至中央交付之案，原為不得已者，如不能通過，對中央有利無害。為雙方皆不獲通過，則兩權案又可延緩一段時期，正符合總裁之期望。

談至一時散，各人均未午飯也。

下午四時，谷鳳翔來電話約我至中央黨部，謂頃方自官邸返，總裁午後又召見，仍堅持議事規則不可修改，中央是否需擬一提案，主張維持上屆大會議事規則原案。我謂依國民大會組織法第十三條規定：「國民大會議事規則，由主席團擬付，提請大會決定之。」現主席團正在開會，應由其提出議事規則案。

谷乃立即與國大主席團會議室通電話，谷正綱正在發言，由郭澄來接。郭謂現正討論議事規則，頗有爭論。如何決定，尚未可知。

我謂且看主席團如何提出，於今晚晚間會談時，再籌對策。

我並建議谷，在國大開會期間，對今日中央常會通過之立委唐嗣堯、監委曹啓文開除黨籍案，不宜對外發表，以為國大代表藉為攻訐立監委員之口實，谷同意我之建議，但謂對黨內仍交《中央半月刊》發表。

二月二日　星期三

下午八時，到中央黨部第一會議室出席晚間會報。

今日參加者，增加國大臨時會主席團黨團幹事薛岳、白崇禧、黃珍吾、董彥平、余井塘、李崇實等，由薛岳主席。

主席謂國大主席團今日下午會議決定議事規則既經三次大會修正通過，自仍繼續適用。但現在修改議事規則提案共有八件。其中與原規則距離最遠者，一為增加點名表決；一為重要議案用無記名投票。聞前者係中央所提出，未知應如何處理。

谷鳳翔說明中央意在維持原規則，但為抵制無記名投票案，故特提點名表決案，期能在折衷之下，達到維持原規則之目的。

我謂依國民大會組織法第九條規定：「國民大會會議之表決方法，得由主席酌定以舉手起立或投票行之。」主席頃所提及之兩種提案，均與此相違背。組織法係母法，議事規則係子法。子法不能違背母法，故只有維持原規則之一法。

谷正綱謂為順利解決計，宜由大會組織審查會，將如案交付審查，而後在審查會中將各案打消，提出審查報告，主張照主席團意見辦理，即可達到維持原規則之目的。

主席謂明日上午十一時半，由代表同志提出緊急動議，停止討論，即交付審查。

余井塘謂現有八個提案，即有八個提案人說明。加上登記發言者多人，上午必不能停止討論，應多給一般代表以發言機會，俾其情緒得以疏導。可俟下午大會中再宣告停止討論，交付審查。

李壽雍謂依國大議事規則第二十條規定：「審查報告書送由主席團交秘書長於開

會前一日印送各代表。」發言登記者雖多，但內容大致相同。最好上午能停止討論，交付審查，以便審查報告得以及早印送。

谷鳳翔謂審查委員可由全體主席團加八個提案人組成。

郭澄謂主席團主張維持原規則，亦係有提案人身份。如全體主席團八十五人皆為審查委員，在比例上似覺太多。

主席謂由李壽雍、滕傑、冷欣即席擬具審查委員名單。李等共提出五十二人，主席謂以五十五人為宜。高信謂海外代表未有列入，請加梅友卓；黃珍吾謂女性太少，請加張希文。李壽雍謂尚有一人，請推葉秀峯。至此，名單遂告決定。

主席謂尚須準備緊急動議文，請停止討論交付審查，以便在大會中適時遞交主席宣告。谷鳳翔囑我起草，我乃即席寫就交國大黨部冷書記長備用。

郭澄謂增列無記名投票案係黨外高心一所提，連署者已五百餘人，多為本黨同志。應由中央招待晚餐責以大義，命其支持中央決策。

谷鳳翔謂明日大會中，須準備發言人，與對方辯論。國大黨部方面有無準備。冷欣提出名單，共列有三十人。谷正綱謂今日上午，國大黨部準備之發言人楊繼曾與薛人仰，均向主席遞案，表示撤銷發言登記。似此情形，太不確實，臨時至為危險。明日發言人，務必有人擔任聯絡，確實可靠，方可算數。

谷鳳翔乃就原名單一一審查，認為可用者只有十人。遂由在座各人紛紛提名補充。我謂黃季陸為前任內政部長，曾公布會議規範。連震東為台籍，又為掌理會議規範實施之現任內政部長，杭立武多年使外，對國際會議情形最為熟悉，此三人均可囑其明日在大會發言。主席立即命郭驥打電話聯絡，均得允諾。

十時散會。